Daten darstellen 1

1 In der Klasse 5a haben die Schülerinnen und Schüler eine Befragung über die Länge ihrer Schulwege durchgeführt und an der Wandtafel notiert.

unter 1 km ┼┼┼┼ |
mehr als 1 km bis 2 km ┼┼┼┼ ┼┼┼┼
mehr als 2 km bis 3 km ┼┼┼┼ |||
mehr als 3 km bis 4 km ┼┼┼┼ |||
mehr als 4 km ┼┼┼┼ |

Erstelle aus den Daten ein Säulendiagramm.

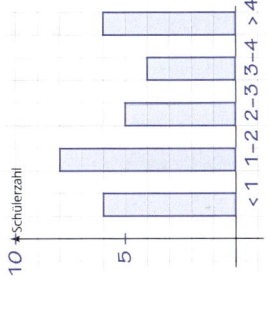

2 Bei der Klassensprecherwahl in der 5b hat sich folgendes Ergebnis ergeben:

Name	Anzahl der Stimmen
Maxi	|||
Jenny	┼┼┼┼ |||
Alexander	┼┼┼┼ |||
Hanna	┼┼┼┼	

Erstelle ein Balkendiagramm.
Wie viele Schülerinnen und Schüler sind in der Klasse?

27

Welche beiden Kinder werden Klassensprecher?

Jenny, Tim

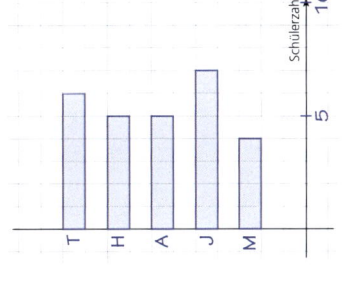

3 Von den 30 Schülerinnen und Schüler der Klasse 5c kommen sieben zu Fuß zur Schule, fünf kommen mit dem Fahrrad, acht kommen mit dem Bus, vier kommen mit dem Zug und der Rest wird mit dem Auto gebracht.
Wie viele Kinder werden mit dem Auto gebracht?

6

Wie viele Schülerinnen und Schüler kommen nicht zu Fuß in die Schule?

23

Erstelle aus den Daten ein Balken- oder Säulendiagramm.

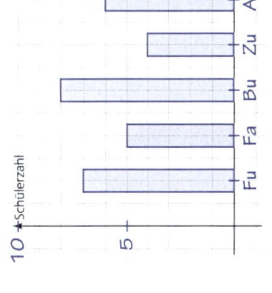

Daten darstellen 2

1 In der Tabelle sind die neun größten Städte in Hessen aufgelistet.

Stadt	Einwohner	gerundet
Frankfurt	691 518	690 000
Wiesbaden	278 919	280 000
Kassel	196 526	200 000
Darmstadt	149 052	150 000
Offenbach	122 705	120 000
Hanau	89 688	90 000
Marburg	81 147	80 000
Gießen	78 584	80 000
Fulda	64 249	60 000

Erstelle ein Balkendiagramm oder Säulendiagramm. Runde dazu die Einwohnerzahlen auf Zehntausender.

2 Bestimme für die einzelnen Bundesländer die Anzahl ihrer Nachbarbundesländer.

Bundesland	Anzahl der Nachbarbundesländer
Baden-Württemberg	3
Bayern	4
Berlin	1
Brandenburg	5
Bremen	1
Hamburg	2
Hessen	6
Mecklenburg-Vorpommern	3
Niedersachsen	9
Nordrhein-Westfalen	3
Rheinland-Pfalz	4
Saarland	1
Sachsen	4
Sachsen-Anhalt	4
Schleswig-Holstein	3
Thüringen	5

Wie viele Bundesländer haben ein Nachbarland, wie viele zwei Nachbarländer, …? Erstelle ein Säulendiagramm über die Anzahl der Nachbarbundesländer.

Daten darstellen 3

1 Miriam hat ihre Perlensammlung nach Farben sortiert und in einem Bilddiagramm zusammengefasst.

● ≙ 50 Perlen   • ≙ 10 Perlen

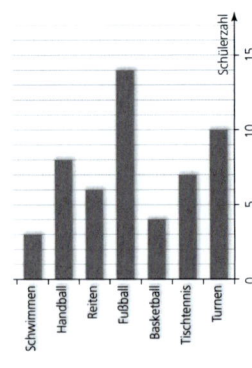

rot	70
grün	100
gelb	40
blau	150
orange	130

a) Lies die Anzahl aus dem Bilddiagramm ab.
b) Wie viele Perlen hat Miriam insgesamt?
490

2 Auf einer Spiele-Messe wurden 750 Personen befragt, welches der genannten Spiele sie am liebsten spielen.

a) Lies die Daten aus dem Säulendiagramm ab.

Blokus: 210
Targi: 190
Ubongo: 120
Fits: 155
Hepta: 60

b) Addiere die Werte. Warum könnte deine Summe von 750 abweichen.
Die Werte lassen sich aus dem Diagramm nur schätzen, daher kann die Summe abweichen.

3 Tobias und Caro haben in ihren Klassen eine Umfrage zum Thema Lieblingssportart gemacht.
a) Lies die Daten aus dem Balkendiagramm ab.

Schwimmen: 3   Handball: 8
Reiten: 6   Fußball: 14
Basketball: 4   Tischtennis: 7
Turnen: 10

b) Zeichne ein Balkendiagramm, das bei dieser Umfrage nur zwischen Ballsportarten und „Nicht – Ballsportarten" unterscheidet.

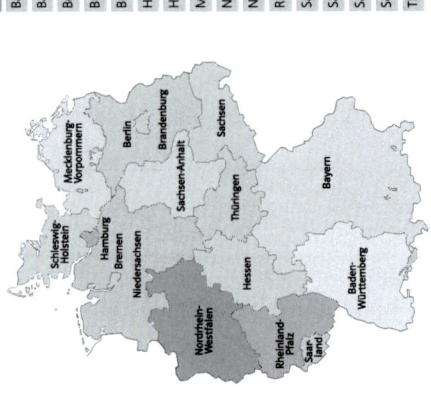

Runden 1

1
a) Runde auf Zehner.
831 ≈ *830*
457 ≈ *460*
997 ≈ *1000*

b) Runde auf Hunderter.
153 ≈ *200*
2046 ≈ *2000*
9551 ≈ *9600*

c) Runde auf Tausender.
3448 ≈ *3000*
7803 ≈ *8000*
10501 ≈ *11 000*

d) Runde auf Zehntausender.
36 099 ≈ *40 000*
102 897 ≈ *100 000*
1 200 500 ≈ *1 200 000*

e) Runde auf Hunderttausender.
122 354 ≈ *100 000*
501 090 ≈ *500 000*
849 652 ≈ *800 000*

f) Runde auf Millionen.
1 950 000 ≈ *2 000 000*
2 099 000 ≈ *2 000 000*
5 499 600 ≈ *5 000 000*

2

Runde	auf Zehner	auf Hunderter	auf Tausender
a)	2369	2400	2000
b)	9505	9510	9500	10000
c)	12949	12950	12900	13000
d)	20792	20790	20800	21000

3 Entscheide, ob richtig oder falsch auf Tausender gerundet wurde, und notiere jeweils den Buchstaben. So erhältst du das Lösungswort.

a)
Rundung	richtig	falsch
19423 ≈ 20000	B	W
38911 ≈ 38900	O	**A**
7890 ≈ 8000	**L**	O
43785 ≈ 44000	**E**	T

Lösungswort: W A L E

b)
Rundung	richtig	falsch
723467 ≈ 720467	A	**K**
98765 ≈ 99000	**O**	B
9999 ≈ 9900	E	**P**
9736789 ≈ 9736000	R	**F**

Lösungswort: K O P F

4 Reporterin Maike hat Daten gesammelt und überlegt, welche Angaben sie für ihren Artikel runden kann. Von unten nach oben gelesen ergibt sich das Lösungswort.

exakte Datenangaben	Runden Ja	Nein
a) Der Weltrekord im Marathon der Frauen liegt bei 2:15:25h.	H	**E**
b) Das Handballendspiel sahen 60897 Zuschauer live im Olympiastadion.	**T**	A
c) Die Nummer von Heikes Handy ist 0175124568.	N	**R**
d) Marias kleine Schwester hat die Kleidergröße 144.	B	**A**
e) Mein Fahrrad hat ein Gewicht von 7915g.	**K**	O

Lösungswort: K A R T E

Runden 2

1 Wie heißt die kleinste bzw. größte Zahl, die beim Runden

	kleinste Zahl	größte Zahl
a) auf Zehner 30 ergibt?	25	34
b) auf Zehner 90 ergibt?	85	94
c) auf Hunderter 3200 ergibt?	3150	3249
d) auf Hunderter 5100 ergibt?	5050	5149
e) auf Hunderter 5000 ergibt?	4950	5049

2

Runde	auf 10 Cent	auf Euro	auf 10 Euro
a) 36,75 €	36,80 €	37 €	40 €
b) 14,54 €	14,50 €	15 €	10 €
c) 199,85 €	199,90 €	200 €	200 €
d) 305,05 €	305,10 €	305 €	310 €

3 Lars und Kim überschlagen an der Kasse die Preise. Dazu runden sie die Preise auf volle €-Beträge. Wird das mitgebrachte Geld nach dem Überschlag reichen? Kreuze an.

a)
Radiergummi 2,39
Packung Patronen 1,98
Bleistift 0,89
3 Pinsel 3,72

Überschlag: 9 €
Das Geld reicht.
✗ ja   ◻ nein
Rechne genau.

```
  2, 3 9 €
  1, 9 8 €
  0, 8 9 €
  3, 7 2 €
  8, 9 8 €
```

Reicht es wirklich?
✗ ja   ◻ nein

b)
Anspitzer 1,19
Schlamper 5,98
Tintenkiller 2,29
Zirkel 5,72

Überschlag: 15 €
Das Geld reicht.
✗ ja   ◻ nein
Rechne genau.

```
  1, 1 9 €
  5, 9 8 €
  2, 2 9 €
  5, 7 2 €
 1 5, 1 8 €
```

Reicht es wirklich?
◻ ja   ✗ nein

c)
Buntstifte 3,69
Tuschkasten 4,98
Füller 7,79
5 Hefte 3,67

Überschlag: 21 €
Das Geld reicht.
◻ ja   ✗ nein
Rechne genau.

```
  3, 6 9 €
  4, 9 8 €
  7, 7 9 €
  3, 6 7 €
 2 0, 1 3 €
```

Reicht es wirklich?
◻ ja   ✗ nein

Große Zahlen 1

1 Fülle die Lücken in der Tabelle aus.

Vorgänger	98 999	8 367 200	3 469 998	1 110 097	899 000	5 467 898
Zahl	99 000	8 367 201	3 469 999	1 110 098	899 001	5 467 899
Nachfolger	99 001	8 367 202	3 470 000	1 110 099	899 002	5 467 900

2 Ordne zu.

3 030 030 — dreiunddreißigtausenddreihundert
30 333 — dreiunddreißigtausenddreihundert
30 033 — dreiunddreißigtausenddreißig
33 300 — dreihunderttausenddreißigtausenddreißig
3 003 030 — drei Millionen dreißigtausenddreißig

3 a) Schreibe vollständig mit Ziffern.
(1) 56 Tausend _56 000_ (2) 48 Millionen _48 000 000_ (3) 8 Milliarden _8 000 000 000_

b) Schreibe mit Ziffern.
(1) größte Zahl mit fünf Stellen _99 999_ (2) größte Zahl mit den Ziffern 7, 7, 6 und zwei Nullen _77 600_ (3) kleinste Zahl mit den Ziffern 7, 7, 6 und zwei Nullen _00 677_

4 Schreibe mit Ziffern.
a) eintausendneunhundert _1900_ b) drei Millionen zwölftausend _3 012 000_ c) dreihunderttausendneun _300 009_
d) dreihundertneun Billionen _309 000 000 000 000_ e) dreitausendneunhundert _3 900_ f) fünf Milliarden fünftausendfünfzig _5 000 005 050_
g) vierzigtausendundvierzig _40 040_ h) achthundertachtzigtausend _880 000_ i) achtzigtausendachthundert _80 800_

5 Schreibe in Wortform.
a) 3103 _dreitausendeinhundertdrei_
b) 10010 _zehntausendzehn_
c) 91 220 _einundneunzigtausendzweihundertzwanzig_
d) 110035 _einhundertzehntausendundfünfdreißig_
e) 312000 4000 000 _drei Billionen einhundertzwanzig Milliarden vier Millionen_

Große Zahlen 2

1 Jedes Mitglied der Spargemeinschaft „Ehre den Cent" wirft sonntags alle Münzen, die sie noch im Geldbeutel finden ins Sparschwein. Am Jahresende wird dann gezählt.

 16,35 ct Alex
 26,15 ct Björn
 2,64 ct Christian
 124,45 ct Dieter
 174,99 ct Erich

Für einen Wochenendausflug benötigen sie 1000 €.
Alex erklärt: „Ich habe alle Einzelbeträge auf Euro gerundet und addiert. Für den Ausflug brauchen wir noch rund 240 €."
Hat Alex recht? Prüfe nach.

	Alex	Björn	Christian	Dieter	Erich
gerundete Beträge	167	268	27	124	175

Summe der gerundeten Beträge _761_   Alex hat – _auf Zehner gerundet_ – recht.

2 Markus hat Zahlen nach ihrer Größe mit den Zeichen < und > geordnet. Dabei hat er einige Fehler gemacht. Finde heraus, welche Anordnungen falsch sind.

564 760 > 540 676	**Z**	12 998 324 > 13 126 024	**U**
65 009 002 < 65 020 001	**O**	3 090 205 100 < 309 020 599	**A**
12 002 010 011 > 1 203 010 010	**L**	209 < 298 < 2 000 < 2 090	**R**
1001 < 1100 < 1011 < 1101	**H**	2112 < 2212 < 2122 < 2211	**C**
4098 < 4809 < 4890 < 4908	**T**	99 999 > 99 090 > 90 999 > 99 009	**S**

Wenn du die Buchstaben zu den falschen Angaben der Reihe nach (zeilenweise) aufschreibst, kannst du das Lösungswort erkennen.
UALHCS – SCHLAU

3 Ordne die Zahlen der Größe nach. Beginne mit der kleinsten.
fünfzigtausendfünfhundertfünf, fünfhunderttausend, fünfundfünfzigtausend, fünftausendfünfhundert, fünftausendfünfhundert, fünfhundertfünftausend.
_5050 < 5500 < 50 505 < 55 005 < 500 000 < 505 000_

4 In der Tabelle sind neun Achttausender im Himalaya mit ihren Höhen aufgeführt. Ordne sie nach ihrer Höhe. Beginne mit dem „kleinsten".

Cho Oyu	8188 m	Annapurna	8091 m	Lhotse	8516 m
Dhaulagiri	8167 m	K2	8611 m	Nanga Parbat	8125 m
Makalu	8485 m	Manaslu	8163 m	Shishapangma	8027 m

_8027 < 8091 < 8125 < 8163 < 8167_
_< 8188 < 8485 < 8516 < 8611_

Längen 1

1 Gib in der nächstkleineren und in der nächstgrößeren Einheit an.

800 mm	80 cm	8 dm
34 000 cm	3400 dm	340 m
25 000 cm	2500 dm	250 m
930 000 mm	93 000 m	93 km
5400 dm	540 m	54 m

2 Vervollständige die Tabelle.

280 000 dm	28 000 m	28 km
7600 cm	760 dm	76 m
99 000 cm	9900 dm	990 m
14 800 mm	1480 cm	148 dm
305 000 cm	30 500 dm	3050 dm

3 Schreibe ohne Komma.

a) 12,4 cm = 124 **mm**
b) 0,5 km = 500 m
c) 0,87 dm = 87 mm
d) 28,94 km = 28 940 m
e) 28,94 cm = 2894 cm

4 Verwandle in die angegebene Einheit.

a) 6,3 km = 63 000 dm
b) 53 000 cm = 0,53 km
c) 0,02 m = 20 mm
d) 27,8 dm = 2,78 m
e) 45 600 mm = 45,6 m

5 Gib in der kleineren und der größeren Einheit an.

a) 2,5 **m** = 2 m 5 dm = 25 dm
c) 7,2 m = 6 m 12 dm = 72 dm
e) 11,5 cm = 7 cm 45 mm = 115 mm

6 Steht das Gleichheitszeichen zu Recht? Falls ja, wähle den grünen Buchstaben, falls nein, den schwarzen.

a) 5dm 2mm = 50,2 cm S **R**   b) 3km 900dm = 3,9km **E** I
c) 7,048 m = 7m 48cm T **N**   d) 8,2 km = 8km 200m **G** D
e) 1cm 800mm = 81 cm **E** A   f) 4190 cm = 4m 19 dm R **N**

Lösungswort: SINGEN

7 Runde auf ganze Meter.

a) 15,4 m ≈ 15 m
b) 1,54 m ≈ 2 m
c) 27,3 dm ≈ 3 m
d) 85,9 cm ≈ 1 m
e) 7495,8 mm ≈ 7 m
f) 451 cm ≈ 5 m

Längen 2

1 Berechne. Das Ergebnis führt dich zur nächsten Aufgabe. Färbe das letzte Ergebnis.

60 cm + 1,8 m = **240 cm**
400 cm – 400 cm = **0** ... 1200 mm · 200 = **2400 dm**
22 dm · 8 = **176 dm**   176 dm – 160 cm = **16 m**
2,4 m – 8 dm = **16 dm**   0,24 km + 60 m = **300 m**
300 m : 15 = **20 m**   36 dm – 2,4 m = **12 dm**
11 m : 5 = **22 dm**   160 cm + 94 dm = **110 dm**
                                16 m : 4 = **4 dm**

2 Additionsmauer

930 mm				
680 mm	250 mm			
585 mm	95 mm	15,5 cm		
53 cm	55 mm	4 cm	11,5 cm	
5 dm	3 cm	25 mm	1,5 cm	1 dm

3 Subtraktionsmauer

				13 000 mm
			135 dm	5 dm
		15 m	1,5 m	1 m
	30 m	5 m	3,5 m	2,5 m
50 m	200 m	25 m	21,5 m	19 m

4 Bei der Spirale ist die kürzeste Strecke 3 mm lang. Die folgende Strecke ist immer 4 mm länger als die vorhergehende.

a) Wie lang ist die längste Strecke?

55 mm

b) Ein Marienkäfer krabbelt auf der Spirale von A nach B. Wie lang ist der Weg?

406 mm

c) Von B aus setzt er seinen Weg nach diesem Muster fort. Wie oft muss er abbiegen, wenn er genau die gleiche Streckenlänge noch einmal krabbeln möchte?

6 mal

5 Ein Geschenkpaket ist 40 cm lang, 24 cm breit und 7 cm hoch. Man kann das Geschenkband auf verschiedene Arten anbringen.
Wie viel Band braucht man jeweils, wenn für die Schleife zusätzlich 65 cm benötigt werden?

a)

2 · (40 cm + 24 cm + 7 cm) + 65 cm = 207 cm

b)

207 cm + 2 · 40 cm + 2 · 24 cm = 335 cm

Zeit

1 Am 28. Mai geht die Sonne an verschiedenen Orten der Welt zu unterschiedlichen Zeiten auf bzw. unter. Berechne die fehlenden Größen.

Ort	Sonnenaufgang	Sonnenuntergang	Tageslänge
Kiel	5.00	21.32	16 h 32 min
Berlin	4.57	21.10	16 h 13 min
Essen	5.31	21.26	15 h 55 min
München	5.23	20.58	15 h 35 min
Salzburg (Österreich)	5.20	20.49	15 h 29 min
Athen (Griechenland)	6.09	20.37	14 h 28 min
St. Petersburg (Russland)	5.05	22.47	17 h 42 min
Nuuk (Grönland)	3.44	23.02	19 h 18 min

2 Verwandle in die angegebene Einheit
a) 12 h = _720_ min
b) 480 min = _8_ h
c) 6 d = _144_ h
d) 288 h = _12_ d
e) 15 min = _900_ s
f) 3480 s = _58_ min

3 Jule hat fünf ihrer Lieblingslieder aufgenommen:
„Kleiner Schneemann" 5 min 35 s
„Rote Rosen für Tina" 4 min 23 s
„Teddy Brummbär" 5 min 09 s
„Mein buntes Kuscheltier" 3 min 58 s
„Der Erdbeer-Song" 4 min 48 s
Zwischen den Stücken ist jeweils eine Pause von 4 s. Wie lang ist die Aufnahme?

24 min 9 s

4 Wie spät ist es?
a) 23 min vor 16 Uhr 15.37
b) 1 h 48 min nach 6 Uhr 7.48
c) 3 h 13 min vor 23 Uhr 19.47
d) 48 min vor halb Zehn 8.42

5 Wie viele Stunden und Minuten sind es bis Mitternacht?
a) 15.27 Uhr _8 h 33 min_
b) 6.12 Uhr _17 h 48 min_
c) 13.48 Uhr _10 h 12 min_

6 Ordne die Zeitspannen nach der Größe. Beginne mit der kleinsten.
a) 134 min; 3 h; 7920 s; 2 h 4 min; 2 h 900 s
2 h 4 min < 7920 s < 134 min < 2 h 900 s < 3 h
b) 1 d 17 h; 35 h 310 min; 39 h; 2400 min; 1 d 12 h 420 min
39 h < 2400 min < 35 h 310 min < 1 d 17 h < 1 d 12 h 420 min
c) 13 h 25 min; 695 min; 48000 s; ½ d; 650 min 300 s
650 min 300 s < 695 min < ½ d < 48000 s < 13 h 25 min

Maßstab

1 Eine Landkarte ist im Maßstab 1 : 1 000 000 erstellt worden. Gib die tatsächlichen Längen an.
a) 3 cm auf der Karte entsprechen _30 km_
b) 12 cm entsprechen _120 km_
c) 5 mm entsprechen _5 km_
d) 1 mm entspricht _1 km_
e) 8,6 cm entsprechen _86 km_

2 Bestimme den Maßstab für die jeweilige Landkarte.
a) 1 cm entspricht 10 km 1 : 1 000 000
b) 1 cm entspricht 4 km 1 : 400 000
c) 1 cm entspricht 100 m 1 : 10 000
d) 1 cm entspricht 250 m 1 : 25 000
e) 1 cm entspricht 0,75 km 1 : 75 000

3 Wie lang sind die angegebenen Strecken bei den jeweiligen Maßstäben in Wirklichkeit?

Streckenlänge im Heft	Maßstab 1:500	Maßstab 1:2000	Maßstab 1:10000
2 cm	10 m	40 m	200 m
15 cm	75 m	300 m	1500 m
8 mm	4 m	16 m	80 m
11 dm	550 m	2200 m	11 km

4 Wie lang wären die angegebenen Strecken bei den jeweiligen Maßstäben?

Streckenlänge in Wirklichkeit	Maßstab 1:200	Maßstab 1:5000	Maßstab 1: 100 000
5 km	25 m	1 m	5 cm
2 km	10 m	4 dm	2 cm
30 km	150 m	6 m	30 cm

5 Ein Spielzeugauto hat eine Länge von 6,8 cm. Es ist im Maßstab 1 : 50 angefertigt. Wie lang ist das Auto in Wirklichkeit?
_3,40 m_

6 Ein Stadtplan hat den Maßstab 1 : 3000.
a) Wie lang ist auf ihm eine 150 m lange Straße?
_5 cm_
b) Die Kurstraße ist auf dem Plan 3 mm lang. Wie lang ist sie in Wirklichkeit?
_9 m_

7 Ein 38,40 m hoher Turm wird im Maßstab 1 : 30 nachgebaut. Wie hoch ist das Modell?
_128 cm_

8 Aufgepasst: Hier wird vergrößert. Zeichne ein 3 mm langes und 2 mm breites Rechteck im Maßstab 20 : 1.

(Rechteck: 6 cm × 4 cm)

Geld – Zeit

1 Jan kauft drei Gläser Erdbeermarmelade, von denen jedes 2,49 € kostet. Er zahlt mit einem 10-€-Schein.
Wie viel Geld bekommt er zurück? __2,53 €__

2 Sarah muss ihrer Freundin Luisa noch 3,80 € geben, hat aber nur einen 5-€-Schein und vier 10-Cent-Stücke. Luisa findet in ihrer Hosentasche zwei 50-Cent-Stücke und eine 1-€-Münze. Wie können die beiden das Problem lösen? __Sarah gibt 5,30 €, bekommt 1,50 € zurück.__

3 Franzi hat sich für einen neuen MP3-Player 40 € von ihrer Oma geliehen. Sie kann von ihrem Taschengeld jeden Monat 2,50 € zurückzahlen. Wie viele Monate muss Franzi ihrer Oma Geld geben? __16 Monate__

4 In der Aktion „Unser Ort soll grüner werden" wurden 194 Bäume zu je 38 € und 443 Sträucher zu je 27 € gepflanzt. Reicht die großzügige Spende einer Firma in Höhe von 20 000 €? __ja (Kosten: 19 333 €)__

5 Bei einem Fußballspiel werden die in nebenstehender Tabelle angegebenen Karten verkauft.
a) Wie viel Geld nimmt der Verein ein?
__420 894 €__
b) Wie viel Gewinn macht der Verein, wenn ihm für die Ausrichtung des Spiels Kosten in Höhe von 79 000 € entstehen?
__341 894 €__

Platz	Karten	Einnahmen
Tribüne I (26 €)	2514	65 364 €
Tribüne II (21 €)	3850	80 850 €
Tribüne III (16 €)	5982	95 712 €
Stehplatz (8 €)	22371	178 968 €
Summe		420 894 €

6 Bei einem Wettlauf werden zwei Durchgänge durchgeführt und dann die Zeiten der beiden Läufe addiert. Die Gesamtzeit entscheidet über die Platzierung.
Ermittle die Platzierung der Läuferinnen und Läufer und vergleiche sie mit dem Zwischenstand nach dem ersten Rennen. Wer hat sich in der Platzierung am meisten verbessert? Markiere farbig.

Name	1. Lauf	Zwischenstand	2. Lauf	Gesamtzeit	Platz
Thomas	48,6 s	4.	49,5 s	1 min 38,1 s	3.
Malte	49,2 s	6.	48,9 s	1 min 38,1 s	3.
Sabine	48,4 s	3.	49,6 s	1 min 38 s	2.
Emma	48,9 s	5.	49,7 s	1 min 38,6 s	6.
Tim	48,3 s	1.	49,8 s	1 min 38,1 s	3.
Katrin	49,5 s	7.	50,3 s	1 min 39,8 s	7.
Eva	48,3 s	1.	49,6 s	1 min 37,9 s	1.

7 Für Fernsehwerbung muss eine Firma 900 € pro Sekunde bezahlen.
Die Firmenwerbung wird am Montag eine Minute lang, am Dienstag eine halbe Minute lang und am Mittwoch 15 s lang ausgestrahlt.
Wie teuer ist die gesamte Werbeaktion?
__1575 €__

Gewicht 1

1 Wandle in die angegebenen Einheiten um:

a) 2,67 kg = __2670__ g
b) 5,3 g = __5300__ mg
c) 9,743 t = __9743__ kg
d) 4,008 g = __4008__ mg
e) 19,07 t = __19 070__ kg
f) 0,051 kg = __51 000__ mg
g) 12 400 mg = __12,4__ g
h) 23 000 kg = __23__ t
i) 2 580 000 g = __2580__ kg
k) 928 g = __0,928__ kg
l) 8150 mg = __8,15__ g
m) 1 234 500 g = __1,2345__ t
n) 2 kg 456 g = __2456__ g
o) 3 t 25 kg = __3025__ kg

2 Ordne die Gewichte der Größe nach. Beginne mit dem kleinsten Gewicht.
a) 43 kg; 430 g; 4300 mg; 0,43 t; 4 343 kg; 4,3 kg; 430 430 g
__4300 mg < 430 g < 4,3 kg < 43 kg < 0,43 t < 430 430 g < 4 343 kg__
b) 3,04 t; 3450 kg; 3 t 45 kg; 35 t 4 kg; 350 t 40 kg; 3,0045 t; 34 500 000 g
__3,0045 t < 3,04 t < 3 t 45 kg < 3450 kg < 34 500 000 g < 35 t 4 kg < 350 t 40 kg__

3 Finde zuerst heraus, welche Aufgaben richtig und welche Aufgaben falsch gelöst wurden, markiere mit r oder f. Korrigiere die falsch gelösten Aufgaben. *In dem Kasten stehen die zugehörigen richtigen Lösungen. Die Buchstaben ergeben in der Reihenfolge der Aufgaben das Lösungswort.*

1) 3,75 kg = 3750 g	r	2) 41,5 kg = 4150 g	f
3) 0,063 g = 63 mg	r	4) 0,0015 t = 1,5 kg	r
5) 0,25 g = 250 mg	r	6) 2,5 g = 25 000 mg	f
7) 2,05 g = 2050 mg	r	8) 22,5 g = 22 050 mg	f
9) 23 g = 0,23 g	f	10) 2345 mg = 234,5 g	f
11) 23 kg 5 g = 23,5 kg	f	12) 6102 mg = 6,102 g	r
13) 41 020 g = 41,020 kg	r	14) 3030 kg = 30,30 t	r
15) 9,001 t = 9001 kg	r	16) 0,004 t = 400 g	f
17) 0,002 08 t = 208 kg	f	18) 52 mg = 0,052 g	r
19) 21,3 g = 0,213 kg	f	20) 0,0002 t = 2000 g	f

3,030 t	2500 mg	0,0213 kg	4000 g	63 mg	22 500 mg
C	E	E	H	I	L
200 g	23,005 kg	2,345 g	41 500 g	2080 g	0,023 kg
R	S	U	V	W	Z

Lösungswort: __VIEL ZU SCHWER__

Gewicht 2

1 Berechne. Das Ergebnis führt dich zur nächsten Aufgabe. Färbe das letzte Ergebnis.

- 5 kg + 1200 g = **6200 g**
- 30 kg + 0,07 t = **100 kg**
- 71 g – 0,057 kg = **14 g**
- 600 g · 500 = **300 kg**
- 2400 g : 4 = **600 g**
- 5000 mg + 66 g = **71 g**
- 0,42 kg + 580 g = **1 kg**
- 14 g · 30 = **420 g**
- 4000 g : 800 = **5 g**
- 6,2 kg – 3,8 kg = **2,4 kg**
- 0,3 t – 270 kg = **30 kg**
- 100 kg : 25 = **4 kg**

2 Ergänze die Figuren.

a) 3,7 kg, +200 g, 3,5 kg, +630 g, 2870 g, :2, 5740 g, –800 g, 6540 g, –4600 g, 11,1 kg, ·3, 8250 g

b) 780 g, ·39, 20 g, +340 g, 1120 g, –100, 78 kg, :250, –73 kg, +5880 g, 5 kg

3 Berechne zunächst alle Aufgaben. Lies dann in der Lösungszeile die zu deinen Ergebnissen gehörenden Buchstaben ab. Sie ergeben in der richtigen Reihenfolge ein Lösungswort.

a) 5 · 3,4 t = **17 t**   b) 850 g + 3400 mg = **853,4 g**
c) 28000 kg : 70 = **400 kg**   d) 1 kg – 122 g = **878 g**
e) 2735 g + 8 kg = **10735 g**   f) 6 t : 12 = **500 kg**
g) 20 kg · 400 = **50 g**   h) 865 kg – 34600 g = **830,4 kg**
i) 125 mg · 8 = **1 g**

400 kg	1 g	500 kg	17 t	500 g	850,4 g	50 g	878 g	853,4 g	830,4 kg	50 g	18 t	10735 g
T	I	Z	S	R	A	I	E	P	E	N	N	L

Lösungswort: **SPIELZEIT**

4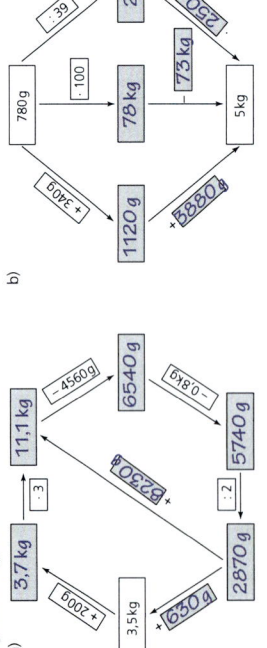

a) Herr Seemann verkauft in der Woche 380 Tüten mit 2,5 kg Äpfeln. Wie viele Tonnen Äpfel verkauft er pro Woche?
0,95 t

b) Er beschließt, ab sofort nur noch 2-kg-Tüten zu verkaufen. Wie viele Tüten dieser Sorte kann er abpacken?
475 Tüten

Länge – Zeit – Gewicht – Geld

1 Verwandle in die angegebene Einheit. In der Lösungszeile findest du die Maßzahlen.

a) 12 m = **1200** cm   b) 0,85 km = **8500** dm
c) 3 h = **180** min   d) 56,3 g = **56300** mg
e) 5 t = **5000** kg   f) 6,07 € = **607** ct
g) 34 dm 22 cm = **3620** mm   h) 780 kg = **0,78** t
i) 65000 mg = **65** g   k) 36 m = **3,6** dm
l) 9000 min = **150** h   m) 5 g 3570 mg = **8,57** g

Lösungen: 0,78; 3,6; 8,57; 65; 150; 180; 607; 1200; 3620; 5000; 8500; 56300

2 Setze das richtige Zeichen (<, >, =) ein.

a) 65 m **>** 560 dm   b) 3,24 kg **>** 3200 g
d) 12,34 € **<** 1243 Cent   e) 0,08 m **<** 82 mm
g) 2 h 12 min **>** 122 min   h) 81,6 dm **<** 860 cm
k) 1700 min **>** 1 d 4 h   l) 350 dm **>** 5000 mm
n) 1000 s **<** 18 min   o) 80 g **=** 0,08 kg

3 Fritzchen hat gerundet. Er erzählt:

a) Unser Tisch ist ca. 2 m lang.
Wie lang könnte er in Wirklichkeit sein? mindestens **150** cm; höchstens **249** cm

b) Mein Hund wiegt ca. 4 kg.
Wie schwer könnte er in Wirklichkeit sein? mindestens **3500** g; höchstens **4499** g

4 Löse die Textaufgaben.
Die richtigen Ergebnisse findest du in der Tabelle. Die zugehörigen Buchstaben ergeben in der Reihenfolge der Aufgaben den Lösungssatz.

a) Martin läuft jeden Tag 8 Stadionrunden. Eine Runde ist 400 m lang. Wie viele Kilometer schafft er in der Woche?
22,4 km

b) Hanna, Nina, Ole und Jan möchten zusammen ins Schwimmbad gehen. Der Eintritt kostet für jedes Kind 2,30 €, eine Viererkarte kostet 8,60 €. Wie viel Euro spart jedes Kind, wenn sie zusammen eine Viererkarte kaufen?
0,15 €

c) Herr Bautz zerschneidet eine 2,70 m lange Leiste in 30 cm große Stücke. Wie viele Stücke erhält er?
9

d) Ein 60 m hoher Turm ist als Modell 24 cm hoch. In welchem Maßstab ist das Modell angefertigt?
1 : 250

e) In einem Teebeutel sind 1,5 g Tee. Wie viele Beutel sind in einer 100-g-Packung, wenn die Packung selbst 10 g wiegt?
60

0,2	0,15	250	9	25	60	90
TE	TG	AC	EM	HA	HT	RA

Lösungssatz: **GUT GEMACHT**

Schriftliches Addieren 1

1 Gib zunächst einen Überschlag (ÜS) an und berechne dann schriftlich.

a) ÜS: 1500
```
    9 7 5
+   4 6 8
-------
  1 4 4 3
```

b) ÜS: 11 000
```
    8 6 2 7
+   2 5 8 9
---------
  1 1 2 1 6
```

c) ÜS: 120 000
```
    4 6 8 0 9
+   7 5 2 3 2
-----------
  1 2 2 0 4 1
```

d) ÜS: 1500
```
    5 0 8
+   6 7 1
  + 3 5 6
-------
  1 5 3 5
```

e) ÜS: 17 000
```
    8 6 9 1
+   6 8 3
+   7 5 3 4
---------
  1 6 9 0 8
```

f) ÜS: 24 000
```
    9 3 1 0 5
+   7 3 8 1 6
+   8 2 9 1 3
-----------
  2 4 9 8 3 4
```

g) 5481 + 243 + 67 429
ÜS: 72 000
```
    5 4 8 1
+     2 4 3
+   6 7 4 2 9
-----------
  7 3 1 5 3
```

h) 92 047 + 6542 + 172
ÜS: 99 000
```
    9 2 0 4 7
+     6 5 4 2
+       1 7 2
-----------
    9 8 7 6 1
```

i) 368 + 58 947 + 2048
ÜS: 61 000
```
      3 6 8
+   5 8 9 4 7
+     2 0 4 8
-----------
    6 1 3 6 3
```

Lösungen: 1443; 1535; 11 216; 16 908; 61 363; 73 153; 98 761; 122 041; 249 834

2 Die Summe zweier benachbarter Zahlen wird in das darüberliegende Feld eingetragen. Fülle die Lücken aus.

a)
	3470			
1824		1646		
956	868		778	
522	434	434		344
204	318	116	318	26

b)
		999		
	456		543	
225		231		312
109	116		115	197
60	49	67	48	149

3 Berechne die Summen und trage die Ergebnisse in das Raster ein.

a) 268 + 63 + 1011
b) 98 + 716 + 2587 + 830
c) 867 + 1269 + 277
d) 1982 + 627 + 515

Wenn du richtig gerechnet hast, kommen die Ziffern 1, 2, 3 und 4 in jeder Zeile und in jeder Spalte genau einmal vor.

a)	1	3	4	2
b)	2	4	1	3
c)	4	2	3	1
d)	3	1	2	4

Schriftliches Addieren 2

1 Gib zunächst einen Überschlag (ÜS) an und berechne dann schriftlich.

ÜS: 1500   ÜS: 5000   ÜS: 8000   ÜS: 10 000
```
    9 9 9         1 4 5 3       5 7 3 6       7 9 3 1
+   4 5 4     +   4 2 8 3   +   2 1 9 5   +   2 0 6 8
-------       ---------     ---------     ---------
  1 4 5 3       5 7 3 6       7 9 3 1       9 9 9 9
```

2 Berechne die Summe:
a) 2301; 587; 3368
ÜS: 6000
```
    2 3 0 1
      5 8 7
+   3 3 6 8
---------
    6 2 5 6
```

b) 8452; 34; 2874
ÜS: 11 000
```
    8 4 5 2
        3 4
+   2 8 7 4
---------
  1 1 3 6 0
```

c) 9256; 524; 57
ÜS: 10 000
```
    9 2 5 6
      5 2 4
+       5 7
---------
    9 8 3 7
```

d) 1368; 903; 764
ÜS: 3000
```
    1 3 6 8
        9 0 3
+       7 6 4
---------
    3 0 3 5
```

Lösungen zu Aufgabe 1 und 2: 1453; 3035; 5736; 6256; 7931; 9837; 11 360

3 Fülle die Additionstabelle aus.
Zur Kontrolle sind in der Tabelle daneben die zugehörigen Quersummen eingetragen.

+	489	687	879	908
78	567	765	957	986
129	618	816	1008	1037
863	1352	1550	1742	1771

	21	21	24	17
15	18	18	21	23
12	15	15	9	11
17	11	11	14	16

4 Bilde die Summe in jeder Spalte und in jeder Zeile. Addiere dann die nebeneinander stehenden Ergebnisse und anschließend die untereinander stehenden Ergebnisse.

307	338	593	876	2114
915	254	479	458	2106
688	369	657	732	2446
1910	961	1729	2066	6666

5 Fülle die Lücken mit den passenden Zahlen aus.

a)
```
    9 3 4
    1 2 8
+   5 7 6
-------
  1 6 3 8
```

b)
```
    1 5 9 7
    6 3 4 8
+   2 0 7 9
---------
  1 0 0 2 4
```

c)
```
    8 1 6 4
      9 0 7
+   7 5 3 2
---------
  1 6 6 0 3
```

Schriftliches Subtrahieren 1

1 Gib zunächst einen Überschlag (ÜS) an und berechne dann schriftlich.

a) ÜS: 400
```
   7 1 3
 - 2 8 5
 ───────
   4 2 8
```

b) ÜS: 3000
```
   8 1 0 1
 - 5 3 6 2
 ─────────
   2 7 3 9
```

c) ÜS: 5000
```
   7 1 3 0 8
 - 1 5 2 5 1
 - 4 8 9 3 6
 ─────────
   7 1 2 1
```

d) 795 − 86 − 491
ÜS: 200
```
   7 9 5
 -   8 6
 - 4 9 1
 ───────
   2 1 8
```

e) 6783 − 391 − 1395
ÜS: 6000
```
   6 7 8 3
 -   3 9 1
 - 1 3 9 5
 ─────────
   4 9 9 7
```

f) 10176 − 7156 − 953
ÜS: 2000
```
   1 0 1 7 6
 -   7 1 5 6
 -     9 5 3
 ───────────
   2 0 6 7
```

Lösungen: 218; 428; 2067; 2739; 4997; 7121

2 Finde heraus, welche Aufgaben falsch gerechnet sind. Welches Wort lässt sich aus den Buchstaben bilden, die bei den falsch gerechneten Aufgaben stehen?

| I | 4529 − 3184 = 1445 | K | 45893 − 9584 = 36309 | L | 36215 − 27642 = 8573 | M | 56112 − 35994 = 21118 | N | 4376 − 3385 = 1091 |
| P | 19562 − 18613 = 949 | R | 5321 − 4432 = 889 | S | 5634 − 4915 = 729 | T | 65432 − 56342 = 9090 | U | 11987 − 9328 = 2669 |

Lösungswort: __ __ __ __ __ MINUS

3 Die Differenz zweier benachbarter Zahlen wird in das darüberliegende Feld eingetragen. Fülle die Lücken aus.

a)
		11		
	123		112	
603		480		368
1863	1260	780	412	
5550	3687	2427	1647	1235

b)
				54		
		99		126		
	225		180		111	
405		345		165		212
750		833		488		323
1583						

4 Berechne und trage die Ergebnisse in das Raster ein.
a) 3406 − 987 − 2143   b) 43361 − 41256 − 1154
c) 2316 − 891 − 987

Wenn du richtig gerechnet hast, ergibt sich ein magisches Quadrat.

a)	2	7	6
b)	9	5	1
c)	4	3	8

Schriftliches Subtrahieren 2

1 Gib zunächst einen Überschlag (ÜS) an und berechne dann schriftlich.

ÜS: 9600
```
   9 8 7 6
 -   3 9 8
 ─────────
   9 4 7 8
```

ÜS: 8400
```
   9 4 7 8
 -   8 0 6
 ─────────
   8 6 7 2
```

ÜS: 8000
```
   8 6 7 2
 -   9 2 6
 ─────────
   7 7 4 6
```

ÜS: 6800
```
   7 7 4 6
 -   9 5 7
 ─────────
   6 7 8 9
```

2 Subtrahiere die beiden kleineren Zahlen von der größeren. Gib auch Überschläge (ÜS) an.
a) 583; 61; 806   b) 1046; 389; 56   c) 871; 2593; 283

ÜS: 100
```
   8 0 6
 -   6 1
 - 5 8 3
 ───────
   1 6 2
```

ÜS: 500
```
   1 0 4 6
 -   3 8 9
 -     5 6
 ─────────
     6 0 1
```

ÜS: 2000
```
   2 5 9 3
 -   2 8 3
 -   8 7 1
 ─────────
   1 4 3 9
```

Lösungen zu Aufgabe 1 und 2: 162; 601; 1439; 7746; 8672; 9478

3 Finde mithilfe von Überschlagsrechnung drei richtige Aufgaben, schreibe sie auf und überprüfe durch genaues Rechnen.

Minuend	−	Subtrahend	=	Differenz
8341		3761		5167
4018		5319		3022
9768		7116		6007
6521		2403		4118

9768 − 3761 = 6007
6521 − 2403 = 4118
8341 − 5319 = 3022

4 Fülle die Subtraktionstabelle aus.
Zur Kontrolle sind in der Tabelle daneben die zugehörigen Quersummen eingetragen.

−	8731	1892	6357	5098
	776		7615	3150	4409
9507	1838		8677		5471
10569					

	19	20	21	22
	20	19	9	17
21				
21	20	28	9	17

5 Fülle die Lücken mit den passenden Zahlen aus.

a)
```
   7 6 5
 - 2 1 3
 - 4 8 9
 ───────
     6 3
```

b)
```
   8 2 4 6
 - 1 3 7 9
 - 2 0 6 5
 ─────────
   4 8 0 2
```

c)
```
   9 7 5 3
 - 2 4 6 8
 -   1 2 3
 ─────────
   7 1 6 2
```

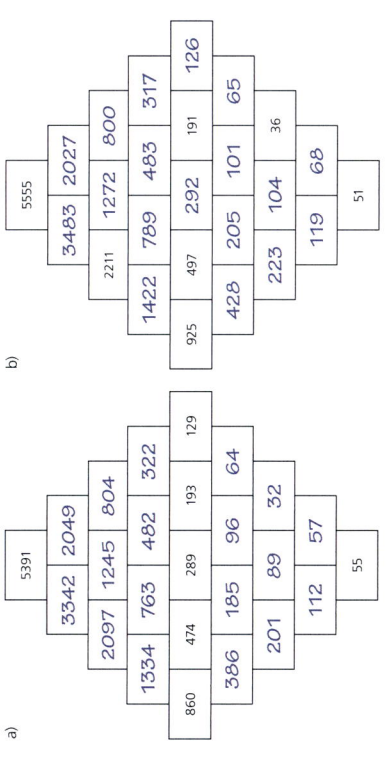

Schriftliches Multiplizieren 2

1 Gib zunächst einen Überschlag (ÜS) an und berechne dann schriftlich die Produkte der Zahlen.
a) 4051 und 37 b) 89 und 321 c) 6001 und 802.

ÜS: 16000   ÜS: 27000   ÜS: 4800000

```
4 0 5 1 · 3 7        3 2 1 · 8 9        6 0 0 1 · 8 0 2
1 2 1 5 3            2 5 6 8            4 8 0 0 8 0
  2 8 3 5 7          2 8 8 9              1 2 0 0 2
1 4 9 8 8 7        2 8 5 6 9          4 8 1 2 8 0 2
```

2 Berechne die Produkte der Zahlen, indem du zuerst das Produkt aus zwei Zahlen im Kopf bestimmst.
a) 7,15 und 241 b) 23, 112 und 9 c) 316, 17 und 6

```
2 4 1 · 1 0 5        1 1 2 · 2 0 7        3 1 6 · 1 6 0
  2 4 1                2 2 4 0              3 1 6 0
    1 2 0 5                7 8 4              6 3 2
  2 5 3 0 5          2 3 1 8 4          3 2 2 3 2
```

Lösungen zu Aufgabe 1 und 2: 23 184; 25 305; 28 569; 32 232; 149 887; 4 812 802

3 Fülle die Multiplikationstabelle aus.
Zur Kontrolle sind in der Tabelle daneben die zugehörigen Quersummen eingetragen.

·	9	42	503	321
416	3744	17472	209 248	133 536
3507	31563	147 294	1 764 021	1 125 747

·	9	6	8	6
11	18	21	25	21
15	18	27	21	27

4 Finde mithilfe von Überschlagsrechnung drei richtige Aufgaben, schreibe sie auf und überprüfe durch genaues Rechnen.

1. Faktor	2. Faktor	Produkt
98	14	6302
418	46	9792
306	32	8312
137	74	7252

98 · 74 = 7252
137 · 46 = 6302
306 · 32 = 9792

5 Die Zahl in der Mitte ist das Produkt zweier gegenüberliegender Zahlen. Finde durch Überschlagen die passenden Zahlen heraus und überprüfe durch Rechnen. Wie groß sind die Produkte der anderen gegenüberliegenden Zahlenpaare?

a) Kreise: 207, 53, 3969, 81, 17, 43, 49, 98 (mit 3969 in der Mitte)

49 · 81 = 3969
___ 2279
___ 3519

b) Kreise: 904, 64, 10824, 88, 36, 621, 123 (mit 10824 in der Mitte)

123 · 88 = 10824
___ 39744
___ 32 544

Schriftliches Dividieren 1

1 Gib zunächst einen Überschlag (ÜS) an und berechne dann schriftlich.
a) ÜS: 350   b) ÜS: 70

```
2 8 0 8 : 8 = 3 5 1      1 5 4 1 : 2 3 = 6 7
- 2 4                    - 1 3 8
    4 0                      1 6 1
  - 4 0                    - 1 6 1
      0 8                        0
      - 8
        0
```

c) 3822 : 42 = ___91___   d) 2726 : 58 = ___47___   e) 16614 : 78 = ___213___

Lösungen: 47; 67; 91; 213; 351

2 Berechne schriftlich und trage die Ergebnisse in das Raster ein.

Waagerecht
1) 2884 : 28 = 103   3) 8692 : 41 = 212   5) 6253 : 13 = 481   7) 7847 : 19 = 413
8) 9724 : 52 = 187   9) 7905 : 17 = 465 10) 9338 : 23 = 406 11) 9918 : 29 = 342

Senkrecht
1) 12028 : 62 = 194   2) 14835 : 43 = 345   3) 18954 : 81 = 234   4) 15552 : 72 = 216
5) 22231 : 47 = 473   6) 13446 : 83 = 162

	1		2		3		4		5		6	
1	1	0	3		2	1	2		4	8	1	
	9		7			8					6	
	4		4	1		1	8		7		2	
				10			0			11		
			5			4				3		
9	4		6			5						

7) 4 1 3
8) 1 8 7
9) 4 6 5
10) 4 0 6
11) 3 4 2

3 Fülle die Lücken mit den passenden Zahlen aus.

a)
```
1 0 1 9 2 : 2 8 = 3 6 4
  8 4
  1 7 9
  1 6 8
    1 1 2
    1 1 2
        0
```

b)
```
1 3 5 7 2 : 5 8 = 2 3 4
  1 1 6
    1 9 7
    1 7 4
      2 3 2
      2 3 2
          0
```

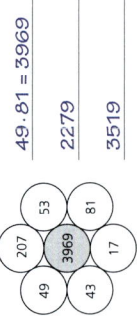

Schriftliches Dividieren 2

1 Gib zunächst einen Überschlag (ÜS) an und berechne dann schriftlich.

a) ÜS: 200

```
1 9 1 7 : 9 = 2 1 3
- 1 8
    1 1
  -  9
     2 7
   - 2 7
      0
```

b) ÜS: 90

```
8 7 1 2 : 9 = 8 8
- 7 9 2
  - 7 9 2
       0
```

c) 9856 : 32 = 308   d) 1218 : 58 = 21   e) 2496 : 39 = 64

Lösungen: 21; 64; 88; 213; 308

2 Ergänze.

Dividend	Divisor	Überschlag	Quotient
2660	76	40	35
3264	68	50	48
5587	37	140	151
4472	52	90	86
1533	73	20	21
6000	48	120	125

3 Finde mithilfe von Überschlagsrechnung drei richtige Aufgaben. Schreibe sie auf und überprüfe durch genaues Rechnen.

Dividend	Divisor		Quotient
1007	38		63
322	31	=	53
3104	19		46
1953	7		71

322 : 7 = 46
1007 : 19 = 53
1953 : 31 = 63

4 Dividiere die Zahl in der Mitte nacheinander durch die außenstehenden Zahlen. Dabei soll immer der berechnete Quotient durch die nächste Zahl dividiert werden.

a) 2280 : 120 = 19   (circle: 2280 with 2,3,4,5)

b) 8568 : 504 = 17   (circle: 8568 with 3,4,6,7)

Schriftliches Dividieren 3

1 Berechne die Quotienten. Die richtigen Ergebnisse sind im Zahlenfeld angegeben. Male die Felder der Quotienten grau und die der Reste gelb aus.

1314 : 23 = 57 + 3 : 23
5631 : 9 = 625 + 6 : 9
6157 : 41 = 150 + 7 : 41
7866 : 58 = 135 + 36 : 58
2817 : 19 = 148 + 5 : 19
3195 : 72 = 44 + 27 : 72
4508 : 87 = 51 + 71 : 87

die Reste (gelb) sind hier blau gezeichnet

2 Finde heraus, welche Aufgaben falsch gerechnet sind, und korrigiere sie. Welches Wort lässt sich aus den Buchstaben bilden, die bei den falsch gerechneten Aufgaben stehen?

S	376 : 7 = 53 + 5 : 7
T	459 : 8 = 56 + 3 : 8 7
E	607 : 9 = 67 + 8 : 9 4
I	976 : 13 = 65 + 1 : 13 7
G	852 : 17 = 50 + 2 : 17
L	1012 : 22 = 46 + 4 : 22 O
E	2007 : 29 = 68 + 6 : 29 9
R	3427 : 38 = 91 + 7 : 38 O

Lösungswort: TEILER

3 Fülle die Lücken in der Rechenkette aus.

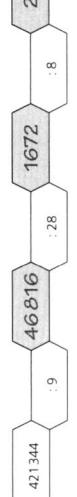

421344 : 9 ; 46816 : 28 ; 1672 : 8 ; 209 : 19 ; 11

4 Die Division der Zahl in der Blütenmitte durch eine der Zahlen auf den Blütenblättern ergibt die Zahl auf dem linken Blatt. Der auftretende Rest ist auf dem rechten Blatt vermerkt. Schreibe die Rechnung auf.

a) 782 : 17 = 46   (Blüte 782; 15,16,17,18,19,20; 46 und 0)

b) 814 : 22 = 37   (Blüte 814; 21,22,23,24,25,26; 37 und 0)

c) 950 : 13 = 73 + 1 : 13   (Blüte 950; 11,12,13,14,15,16; 73 und 1)

d) 1027 : 28 = 36 + 19 : 28   (Blüte 1027; 24,25,26,27,28,29; 36 und 19)

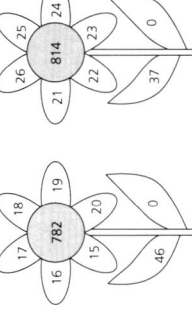

Schriftliches Multiplizieren und Dividieren

1 Gib zunächst einen Überschlag (ÜS) an und berechne dann schriftlich.

a) ÜS: 100 000
```
  2 3 1 · 4 8 1
  9 2 4
  1 8 4 8
    2 3 1
  1 1 1 1 1 1
```

b) ÜS: 90
```
  8 5 4 4 : 8 9 = 9 6
- 8 0 1
    5 3 4
  - 5 3 4
        0
```

c) ÜS: 110
```
  6 7 8 5 : 5 9 = 1 1 5
- 5 9
    8 8
  - 5 9
    2 9 5
  - 2 9 5
        0
```

d) ÜS: 480 000
```
  2 3 5 4 · 2 0 6
  4 7 0 8 0
    1 4 1 2 4
  4 8 4 9 2 4
```

e) 67 · 839 = 56 213

f) 1972 : 68 = 29

2 Fülle die Lücken aus. Die richtigen Ergebnisse findest du in der darunter liegenden Zeile. Wenn du die zugehörigen Buchstaben in der Reihenfolge der Aufgaben aufschreibst, kannst du das Lösungswort erkennen.

Aufgabe	1	2	3	4	5	6	7	8	9
1. Faktor	36	17	69	26	68	47	25	74	18
2. Faktor	24	53	13	29	12	18	39	13	51
Produkt	864	901	897	754	816	846	975	962	918

Aufgabe	10	11	12	13	14	15	16	17	18
Dividend	988	868	803	943	999	512	884	893	888
Divisor	38	62	11	41	27	32	34	19	37
Quotient	26	14	73	23	37	16	26	47	24

13	18	19	25	26	29	32	41	53	62	69	73	816	864	888	918	988	999
H	E	C	R	H	H	R	F	E	L	N	T	C	N	S	S	C	I

Lösungswort: SCHRIFTLICH RECHNEN

Schriftliches Rechnen

1 Kreuz und quer durch das schriftliche Rechnen! Löse dann die Aufgaben. Trage dann die Ergebnisse an entsprechender Stelle in das Kreuzzahlrätsel ein.
Dabei bedeutet z. B.
3s) bei 3 senkrecht und
8w) bei 8 waagerecht eintragen.
In jedes Kästchen wird nur eine Ziffer geschrieben.

3s)
```
  5 1 3 4 6
+ 2 9 8 1 4
+   7 7 2 8
  8 8 8 8 8
```

9s)
```
    3 6 8 9
+   9 8 7 2
+   7 9 7 6
  2 1 5 3 7
```

12s)
```
    6 5 8 3
+   2 6 6 8
    9 2 5 1
```

10w)
```
  3 1 4 5
- 3 0 7 4
      7 1
```

11w)
```
  9 0 1 5
- 8 3 8 4
-   5 6 2
      8 9
```

19w)
```
  1 6 7 7
- 1 0 5 8
-   5 7
```

8w)
```
3 5 6 · 1 5 8
3 5 6
1 7 8 0
2 8 4 8
5 6 2 4 8
```

14w)
```
9 2 8 · 5 8
4 6 4 0
7 4 2 4
5 3 8 2 4
```

7w)
```
3 6 4 · 2 7
  7 2 8
  2 5 4 8
  9 8 2 8
```

3w)
```
2 4 7 6 : 2 9 = 8 5 4
- 2 3 2
    1 5 6
  - 1 4 5
      1 1 6
    - 1 1 6
          0
```

13s)
```
2 3 5 6 8 : 4 8 = 4 9 1
- 1 9 2
    4 3 6
  - 4 3 2
      4 8
    - 4 8
        0
```

2 Berechne jeweils die Zahl, die man für ▢ einsetzen muss.

17w) 27 · 342 = 9234
1w) 17 · 310 = 5270
21w) 213 · 21 = 4473

2s) 691 + 676 = 1367
5s) 179 + 482 = 661
1s) 375 + 1257 = 1632

20w) 18683 : 119 = 157
6w) 15914 : 73 = 218
7s) 94 : 2 = 47

4s) 5698 - 52 = 5646
15s) 2021 - 1987 = 34
18s) 25 - 11 = 14

16s) 5676 : 12 = 475

Term und Rechenbaum 1

1 Ordne die Terme den geeigneten Rechenbäumen zu und nutze diese zur Berechnung.

(27 − 9) · 4 : 12   (3 + 7) · (23 − 14)   (13 · 8) : (43 − (17 + 22))   112 : (7 · 4)

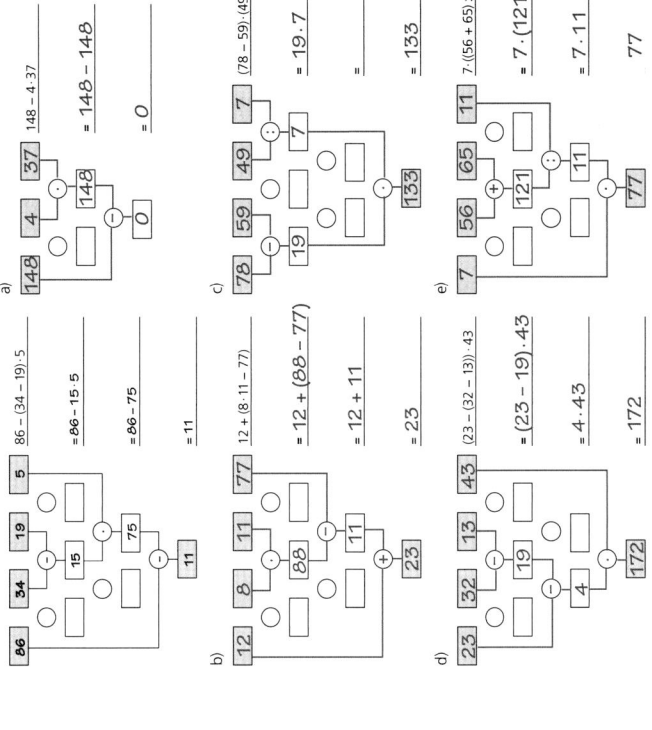

Term: 112 : (7 · 4)

Term: (3 + 7) · (23 − 14)

Term: (27 − 9) · 4 : 12

Term: (13 · 8) : (43 − (17 + 22))

2 Klammern vergessen. Setze mithilfe des Rechenbaums die richtigen Klammern. Vermeide unnötige Klammern. Berechne die Terme. Nutze den Rechenbaum als Hilfe.

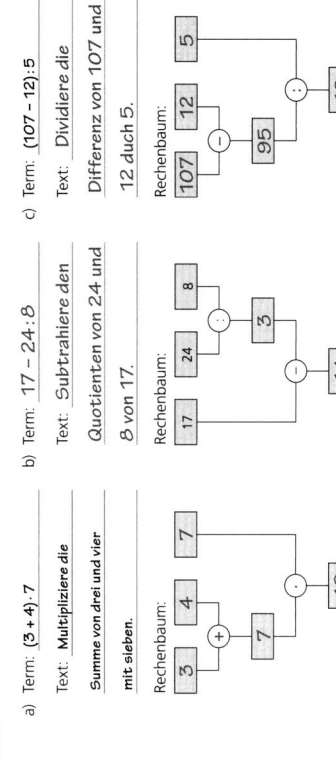

a) 6 + 12 − (8 − 2)
= 18 − 6
= 12

b) 81 : (15 + 12) · 6
= 81 : 27 · 6
= 3 · 6
= 18

c) 13 · 39 (39 − 13)
= 52 : 26
= 2

63 (3 + 18)
= 63 : 21
= 3

Term und Rechenbaum 2

1 Berechne die Terme. Nutze den Rechenbaum als Hilfe, indem du die richtigen Felder ausfüllst und die zugehörigen Verbindungen einzeichnest.

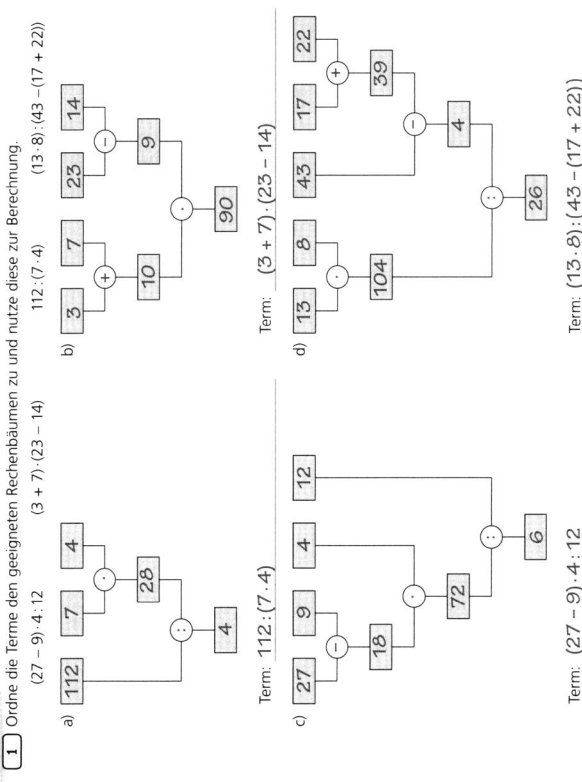

a) 148 − 4 · 37
= 148 − 148
= 0

b) 86 − (34 − 19) · 5
= 86 − 15 · 5
= 86 − 75
= 11

c) (78 − 59) · (49 : 7)
= 19 · 7
=
= 133

d) 12 + (8 · 11 − 77)
= 12 + (88 − 77)
= 12 + 11
= 23

e) (23 − (32 − 13)) · 43
= (23 − 19) · 43
= 4 · 43
= 172

f) 7 · ((56 + 65) : 11)
= 7 · (121 : 11)
= 7 · 11
= 77

2 Ergänze die fehlenden Teile. Berechne den Term mithilfe des Rechenbaums.

a) Term: (3 + 4) · 7

Text: *Multipliziere die Summe von drei und vier mit sieben.*

Rechenbaum:

b) Term: 17 − 24 : 8

Text: *Subtrahiere den Quotienten von 24 und 8 von 17.*

Rechenbaum:

c) Term: (107 − 12) : 5

Text: *Dividiere die Differenz von 107 und 12 duch 5.*

Rechenbaum:

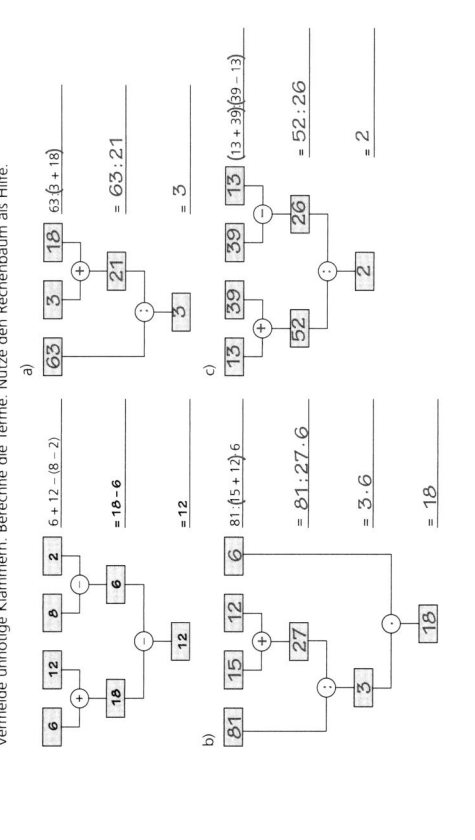

Aufstellen und Berechnen von Termen 1

1 Berechne die Terme wie im Beispiel.

75 − (23 − 16) = 75 − 7
= 68

b) 75 − (23 + 16) = 75 − 39
= 36

c) 103 + (48 − 23) = 103 + 25
= 128

d) 103 − (48 − 23) = 103 − 25
= 78

Lösungen: 36; 78; 82; 128

2 Übersetze die Terme, trage sie unten ein und berechne sie wie im Beispiel angegeben.
Addiere zu 36 den Quotienten von 6 und 3.

36 + 6 : 3
= 36 + 2
= 38

a) Dividiere die Differenz von 36 und 6 durch 3.   (36 − 6) : 3 = 30 : 3 = 10

b) Dividiere 36 durch die Summe von 6 und 3.   36 : (6 + 3) = 36 : 9 = 4

c) Addiere 3 zum Quotienten von 36 und 6.   36 : 6 + 3 = 6 + 3 = 9

d) Multipliziere die Summe von 36 und 6 mit 3.   (36 + 6) · 3 = 39 · 3 = 126

e) Subtrahiere von 36 die Summe von 6 und 3.   36 − (6 + 3) = 36 − 9 = 27

f) Dividiere 36 durch den Quotienten von 6 und 3.   36 : (6 : 3) = 36 : 2 = 18

g) Multipliziere 36 mit der Differenz von 6 und 3.   36 · (6 − 3) = 36 · 3 = 108

Die richtig übersetzten Terme findest du in der ersten Zeile. Die zugehörigen Buchstaben ergeben in der Aufgabenreihenfolge den ersten Teil des Lösungsspruchs. Außerdem sind die berechneten Terme in der Zeile darunter angeführt. Die zugehörigen Buchstaben ergeben den zweiten Teil des Lösungsspruchs.

(36 + 6) · 3	36 : 6 + 3	36 − (6 − 3)	(36 − 6) : 3	36 − (6 + 3)	36 : (6 + 3)	36 : (6 : 3)
K	N	O	P	T	U	V
18	108	27	10	126	4	9
C	H	I	R	S	T	

Lösungsspruch: **PUNKT VOR STRICH**

3 Setze für ▢ die passende Zahl ein.

28 − (12 − **3**) = 19   (16 − **1**) : 5 = 3   24 : (12 − **6**) = 4   (16 − **8**) · 4 = 32

45 : (**9**) : 3 = 15   7 · (1 + **7**) = 56   24 : (**4** : 2) = 3   25 + 3 · **5** = 40

Lösungen: 1; 3; 4; 5; 6; 7; 8; 9

Aufstellen und Berechnen von Termen 2

1 Finde heraus, welche Aufgaben falsch gerechnet sind, und korrigiere sie. Welches Wort lässt sich aus den Buchstaben bilden, die bei den falsch gerechneten Aufgaben stehen?

a) 36 − 3 · 8 = 264 **12** K
b) 20 + 8 : 2 = 14 **24** L
c) 72 : (2 + 4) = 12 F
d) 11 · 6 − 3 · 4 = 252 **54** A
e) 60 : (6 − 4) = 6 **30** M
f) (25 − 5) : (3 + 2) = 4 P
g) (28 + 12) : (2 · 4) = 80 **5** M
h) ((28 + 12) : 4) : 2 = 20 U
i) 6 · 7 − 6 · 6 + 12 : 3 = 6 **10** E
j) 5 · 9 − (7 · 2 + 2 · 8) = 47 **15** R

Lösungen der korrigierten Aufgaben: 5; 10; 12; 15; 24; 30; 54

Lösungswort: **KLAMMER**

2 Setze in jeden Term für ▢ nacheinander die Zahlen 1, 2, 3 und 4 ein und berechne ihn.

	11 + 2 · ▢	24 : ▢ − 6	(6 · ▢ + 9) : 3	(▢ + 5) · 4 + 2
1	13	18	5	26
2	15	6	7	30
3	17	2	9	34
4	19	0	11	38

Lösungen: 0; 2; 5; 6; 7; 9; 11; 13; 15; 17; 18; 19; 26; 30; 34; 38

3 Berechne die Terme wie im Beispiel.

48 + (24 − 12) · 6 = 48 + 12 · 6
= 48 + 72
= 120

a) 48 − (24 − 12 : 6) = 48 − (24 − 2)
= 48 − 22
= 26

b) 48 · [(24 − 12) : 6] = 48 · [12 : 6]
= 48 · 2
= 96

c) [48 : (24 − 12)] · 6 = [48 : 12] · 6
= 4 · 6
= 24

d) (48 + 24 : 12) · 6 = (48 + 2) · 6
= 50 · 6
= 300

Lösungen: 24; 26; 96; 300

4 Setze Rechenzeichen und Klammern so, dass das Ergebnis stimmt.

(31 + 5) : 4 = 9   5 + 6 · 3 − 8 = 15

(5 + 4) · 3 − 2 = 1   (8 − 2) · (9 + 2) = 66

(10 − 3) · 2 = 14   11 + (7 − 5) : 2 = 12

11 + 7 : (5 + 2) = 12

Teiler und Vielfache

1 Kreuze in der Tabelle für jede Zahl an, ob sie den links stehenden Teiler hat.

Teiler	42	54	56	100	120	144	168	225	252	280	504
2	×	×	×	×	×	×	×		×	×	×
3	×	×			×	×	×	×	×		×
4			×	×	×	×	×		×	×	×
5				×	×			×		×	
6	×	×			×	×	×		×		×
7	×		×				×		×	×	×
8			×		×	×	×			×	×
9		×				×		×	×		×
10				×	×					×	
25				×				×			

Insgesamt brauchst du 59 Kreuze.

2 Gib die Teiler- bzw. Vielfachenmengen an.

a) T_{42} = {1; 2; 3; 6; 7; 14; 21; 42}
b) T_{26} = {1; 2; 13; 26}
c) V_{13} = {13; 26; 39; 52; ...}
d) V_{17} = {17; 34; 51; 68; ...}
e) T_{75} = {1; 3; 5; 15; 25; 75}
f) V_{14} = {14; 28; 42; 56; ...}
g) T_{32} = {1; 2; 4; 8; 16; 32}
h) T_{43} = {1; 43}
i) T_{330} = {1; 2; 3; 5; 6; 10; 11; 15; 22; 30; 33; 55; 66; 110; 165; 330}

3 Finde die steckbrieflich gesuchten Zahlen.

a) **Wanted!** Teiler von 36 und Vielfaches von 6 — 6; 12; 18; 36

b) **Wanted!** Teiler von 100 und Vielfaches von 4 — 4; 20; 100

c) **Wanted!** zweistellig und Teiler von 190 — 10; 19; 38; 95

d) **Wanted!** Teiler von 128 und Vielfaches von 16 — 16; 32; 64; 128

e) **Wanted!** Teiler von 40 und Teiler von 50 — 1; 2; 5; 10

f) **Wanted!** ungerade und Teiler von 84 — 1; 3; 7; 21

ggT und kgV

1 Fülle aus.

a)

ggT	6	8	10	20	45
6	6	2	2	2	3
9	3	1	1	1	9
15	3	1	5	5	15
40	2	8	10	20	5
72	6	8	2	4	9

b)

kgV	2	3	8	12	15
4	4	12	8	12	60
5	10	15	40	60	15
9	18	9	72	36	45
16	16	48	16	48	240
20	20	60	40	60	60

2 a) Trage in die Mauer den ggT der beiden darüberstehenden Zahlen ein.

```
270  180  240   48   56  280
   90   60   12    8
       30    6    4
            6    2
```
(Zahlen: 270, 180, 240, 48, 56, 280; 90, 60, 12, 8; 30, 6, 4; 6, 2)

b) Trage in die Mauer das kgV der beiden darunter stehenden Zahlen ein.

```
          630
      630    315
    90    315   105
  18    9    5    7    21
     2    9    5    7    3
```

3 Lisa will die Papierstreifen zum Basteln in gleich lange Stücke schneiden, die mindestens 2 cm lang sind.

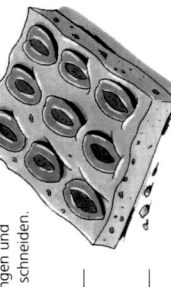
60 cm
48 cm
42 cm

a) Welche Längen kann sie schneiden? 2 cm; 3 cm; 6 cm
b) Wie viele Stücke erhält sie jeweils? 75; 50; 25

4 Tobias und Tim lassen ihre Autos auf einer Spielzeugrennbahn fahren. Tobias' Auto braucht für eine Runde 22 s, Tims Auto 24 s.
a) Nach wie vielen Sekunden sind die Autos das erste Mal wieder auf gleicher Höhe? 264 s
b) Wie viele Runden sind sie dann gefahren? Tim: 11 Runden, Tobias: 12 Runden.
c) Wie lange müssen sie fahren, bis Tim dreimal von Tobias überrundet wurde? 792 s = 13 min 12 s
d) Tim trainiert fleißig und schafft beim nächsten Spieletreffen die Runde in 20 s. Wie oft überrundet er Tobias in einem 10-Minuten Rennen? 2 mal

5 Bäcker Sontag will seinen Pflaumenkuchen auf einem 96 cm langen und 60 cm breiten Kuchenblech in gleich große quadratische Stücke schneiden.
a) Wie groß kann er die Stücke höchstens machen? 12 cm lang, 12 cm breit
b) Wie viele Stücke werden es dann? 40

Römische Zahlen

1 Wandle die römischen Zahlen um. Das Beispiel hilft dir.

MCMLXXXIX = M + CM + L + XXX + IX = 1000 + 900 + 50 + 30 + 9 = 1989

a) DLV = __555__   b) MCXI = __1111__
c) XCIV = __94__   d) CDXLIV = __444__
e) MDCCLX = __1760__   f) CMXCIX = __999__
g) MCCCXIII = __1313__   h) CDXCIX = __499__
i) DXL = __540__   k) MMDXCIV = __2594__

2 Wandle die arabischen Zahlen in römische Zahlen um. Achtung! Beginne immer links mit den großen Zahlen.

	M	CM	D	CD	C	XC	L	XL	X	IX	V	IV	I
	1000	900	500	400	100	90	50	40	10	9	5	4	1
2748	2	0	1	0	2	0	0	1	0	0	1	0	3	MMDCCXLVIII
a) 1466	1	0	0	1	0	0	1	0	1	0	0	0	1	MCDLXVI
b) 2329	2	0	0	0	3	0	0	0	2	1	0	0	0	MMCCCXXIX
c) 1844	1	0	0	1	3	0	0	0	4	0	0	1	0	MDCCCXLIV
d) 999	0	1	0	0	0	1	0	0	0	1	0	0	0	CMXCIX
e) 2548	2	0	1	0	0	0	0	1	0	0	1	0	3	MMDXLVIII
f) 1367	1	0	0	0	3	0	1	0	1	0	0	0	2	MCCCLXVII
g) 439	0	0	0	1	0	0	0	3	1	0	0	0	0	CDXXXIX

3 Die folgenden Gleichungen sind falsch. Sie lassen sich aber durch die Anweisung in eine richtige Gleichung verwandeln. Schreibe richtig.

a) Vertausche zwei römische Ziffern.
CXXXIV + XVI = L   CDL + XXV = CDLXVI
__LXXXIV__ + __XVI__ = __C__   __CDXL__ + __XXVI__ = __CDLXVI__

b) Füge zwei römische Ziffern ein.

c) Ändere die Lage eines Strichs.
XL : VII = VI   d) Ändere die Lage eines Strichs.
__XL__ : __VIII__ = __V__   LXXXIV − XVII = C
__LXXXIV__ + __XVI__ = __C__

4 Gib die Ergebnisse in römischer Schreibweise an.

a) CXX + XIV = __CXXXIV__   b) XL + XX = __LX__   c) MCMXCIX + I = __MM__
d) XLIX − VIII = __XLI__   e) M − II = __CMXCVIII__   f) MDLV + MDLV = __MMMCX__

Stellenwertsysteme

1 Wandle die folgenden Zahlen aus dem jeweiligen System in das Zehnersystem um. Nutze dazu die vorbereiteten Stellenwerttafeln.

a) $(10101)_2$

Stellenwert	32	16	8	4	2	1
Zahl im 2er-System	1	0	1	0	1
Zahl im 10er-System				45		

$(11111)_2$

Stellenwert	32	16	8	4	2	1
Zahl im 2er-System	1	1	1	1	1
Zahl im 10er-System				31		

b) $(111100)_2$

Stellenwert	32	16	8	4	2	1
Zahl im 2er-System	1	1	1	1	0	0
Zahl im 10er-System			60			

$(101010)_2$

Stellenwert	32	16	8	4	2	1
Zahl im 2er-System	1	0	1	0	1	0
Zahl im 10er-System			42			

2 Stelle die Zahlen 37, 65 und 1023 im 2er-System in den folgen Stellenwerttafeln dar.

Stellenwert	32	16	8	4	2	1
Zahl im 2er-System	1	0	0	1	0	1

Stellenwert	64	32	16	8	4	2	1
Zahl im 2er-System	1	0	0	0	0	0	1

Stellenwert	1024	512	256	128	64	32	16	8	4	2	1
Zahl im 2er-System	1	1	1	1	1	1	1	1	1	1	1

3 Löse die Aufgaben im angegebenen Stellenwertsystem.

a) $(1\ 1\ 1\ 1\ 0)_2$
   $+ (1\ 0_1\ 0_1\ 1\ 1)_2$
   $(1\ 1\ 0\ 0\ 0\ 1)_2$

b) $(1\ 0\ 0\ 0\ 0\ 0)_2$
   $- (0_1\ 0_1\ 0_1\ 1\ 1)_2$
   $(1\ 1\ 0\ 1)_2$

c) $(1\ 0\ 0\ 0\ 0)_2$
   $+ (1\ 1\ 1\ 1\ 0_1\ 1)_2$
   $(1\ 1\ 1\ 1\ 1)_2$

d) $(1\ 1\ 0)_2$
   $- (1\ 0\ 1\ 0_1\ 1)_2$
   $(1\ 0\ 1)_2$

e) $(1\ 1\ 1\ 1\ 1)_2$
   $+ (0_1\ 0_1\ 0_1\ 1\ 1)_2$
   $(0\ 0\ 0\ 0\ 0_1)_2$

f) $(1\ 0\ 1\ 1\ 1)_2$
   $+ (1_1\ 0\ 1_1\ 1\ 1)_2$
   $(1\ 0\ 1\ 0\ 0\ 0)_2$

auch:
$(1\ 0\ 1\ 1\ 1_1\ 1_1)_2$
$(1_1\ 0_1\ 1_1\ 1_1\ 1\ 1)_2$
$(1\ 0\ 1\ 0\ 1\ 0)_2$

4 Auf einer Klassenfahrt wollen Frau Mispagel (32 Schüler), Herr Zufall (29 Schüler) und Frau Reinhard (30 Schüler) mit ihren drei Klassen rudern gehen. Man kann beim Bootsverleih Einer, Zweier, Vierer und Achter Ruderboote mieten. Beim Anmieten der Boote muss Folgendes beachtet werden: Die Klassen sollen in den Booten nicht gemischt werden. Alle gemieteten Boote müssen voll besetzt werden. Pro Klasse sollen möglichst wenige Boote angemietet werden.

a) Berechne, welche Boote die Lehrkräfte jeweils anmieten müssen.

	Achter	Vierer	Zweier	Einer
Mispagel	4	0	0	0
Zufall	3	1	0	1
Reinhard	3	1	1	0

b) Der Bootsverleih hat viele Achter. Pro Klasse stehen aber immer nur ein Einer, ein Zweier und ein Vierer zur Verfügung. Begründe, dass das ausreicht.

Bei der Verteilung auf die Achter bleiben immer höchstens 7 Schüler übrig, für diese reichen die restlichen 3 Boote.

Körper-Detektiv

1 Welche Eigenschaften treffen zu? Es sind mehrere Kreuze möglich.

a)
- ■ 6 Ecken
- ✗ 8 Kanten
- ✗ 6 Flächen
- ■ 8 Ecken
- ✗ 12 Kanten
- ■ 8 Flächen

b)
- ■ 6 Ecken
- ■ 8 Kanten
- ■ 6 Flächen
- ✗ 1 Spitze
- ■ 5 Flächen

c)
- ✗ 0 Ecken
- ■ 0 Flächen
- ■ 8 Ecken
- ✗ 3 Flächen

d)
- ■ 4 Ecken
- ■ 1 Fläche
- ✗ 1 Spitze
- ✗ 2 Flächen

2 Wer bin ich? Geometrischer Körper gesucht. Schreibe den Namen des gesuchten Körpers in die entsprechende Zeile. Manchmal gibt es mehrere Möglichkeiten.

a) „Ich habe keine Kanten." _Kugel_
b) „Ich habe 12 gleich lange Kanten." _Würfel_
c) „Ich habe 8 Kanten, wobei jeweils 4 gleich lang sind." _quadratische Pyramide_
d) „Ich habe 9 Kanten." _Dreiecksprisma, Doppeltetraeder_
e) „Ich habe 3 Flächen." _Zylinder_

3 Dachformen

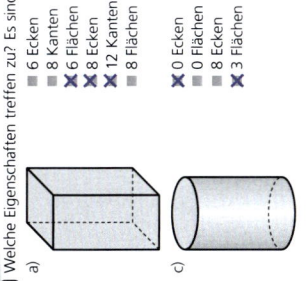

Satteldach — Zeltdach — Pultdach — Mansardendach

Trage in der Tabelle für die Dachformen die Anzahl der Ecken, Kanten und Flächen ein.

	Anzahl der Ecken	Anzahl der Kanten	Anzahl der Flächen
Satteldach	6	9	4*
Zeltdach	5	8	4*
Pultdach	6	9	4*
Mansardendach	10	15	6*

*jeweils ohne „Unterfläche", da diese keine außen liegende Dachfläche ist

Figuren-Detektiv

1 Welche Vierecke sind Rechtecke?

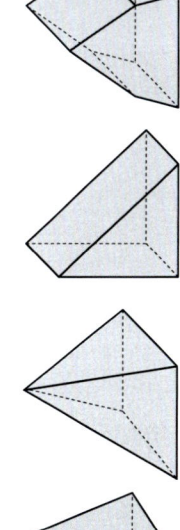

a) b) c) d) e)

Rechtecke sind: _b), d)_

2 Welche Vierecke sind Parallelogramme?

a) b) c) d)

Parallelogramme sind: _a), b), d)_

3 Welche Eigenschaften treffen zu? Es sind mehrere Kreuze möglich.

a)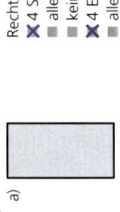
Rechteck
- ✗ 4 Seiten
- ■ alle Seiten gleich lang
- ■ keine rechten Winkel
- ✗ 4 Ecken
- ■ alle Rechtecke sind Quadrate

b)
Quadrat
- ✗ 4 rechte Winkel
- ✗ 4 Seiten
- ✗ gegenüberliegende Seiten sind parallel
- ✗ 4 Diagonalen
- ✗ alle Quadrate sind Rechtecke

4 Wer bin ich? Geometrische Figur gesucht. Schreibe den Namen der gesuchten Figur in die entsprechende Zeile. Manchmal gibt es mehrere Möglichkeiten:

a) „Ich habe keine Ecken." _Kreis_
b) „Ich habe 3 gleich lange Seiten." _gleichseitiges Dreieck_
c) „Ich habe 4 Seiten, wobei benachbarte senkrecht zueinander stehen. Nur die gegenüberliegenden Seiten sind gleich lang." _Rechteck_
d) „Ich habe 6 gleich lange Seiten." _gleichseitiges Sechseck_
e) „Ich habe 4 Seiten, wobei je zwei gleich lang sind." _Rechteck, Parallelogramm, Drachen_

5 Gib alle Rechtecke mithilfe der Buchstaben an.
ABDC, ABGF, ABKI, CDGF, CDKI, FGKI, CEHF, DEHG

Hinweis: Es gibt 8 Rechtecke.

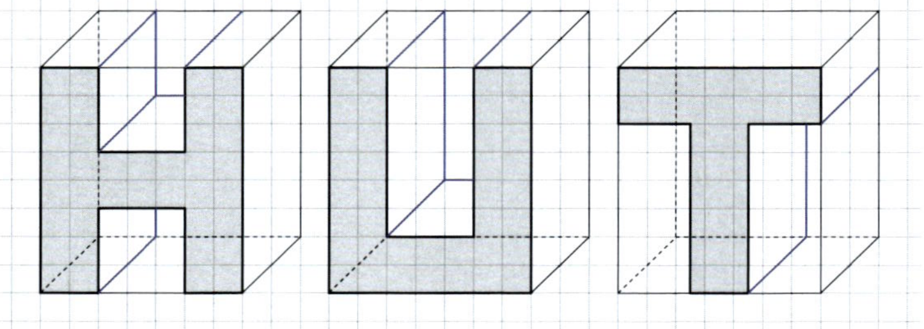

Schrägbilder 2

1 Ergänze die Grundflächen zu einem Körper im Schrägbild mit der Höhe 2,5 cm.

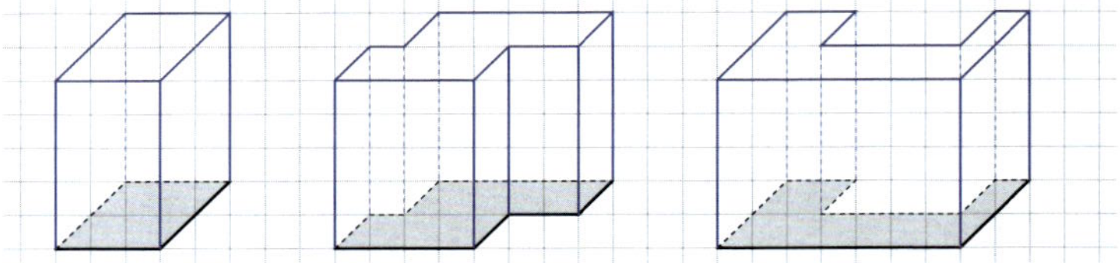

2 Zeichne jeweils zwei verschiedene Schrägbilder der Quader mit den Seitenlängen:
a) 1 cm; 2 cm; 3 cm
b) 4 cm; 1,5 cm; 1 cm

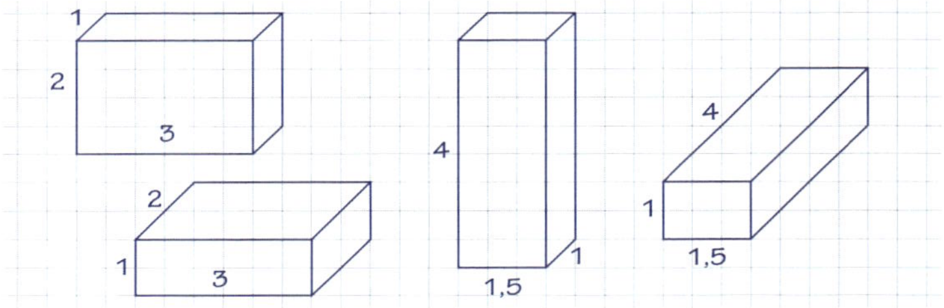

3 Zeichne die Figur in doppelter Größe. Trage auch die nicht sichtbaren Linien ein.

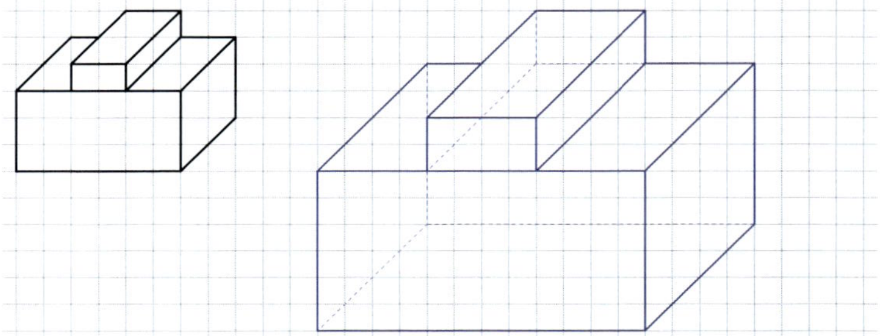

4 Zeichne die Figur in halber Größe. Trage auch die nicht sichtbaren Linien ein.

Schrägbilder 1

1 Vervollständige die Schrägbilder des Quaders.
a) b) c)

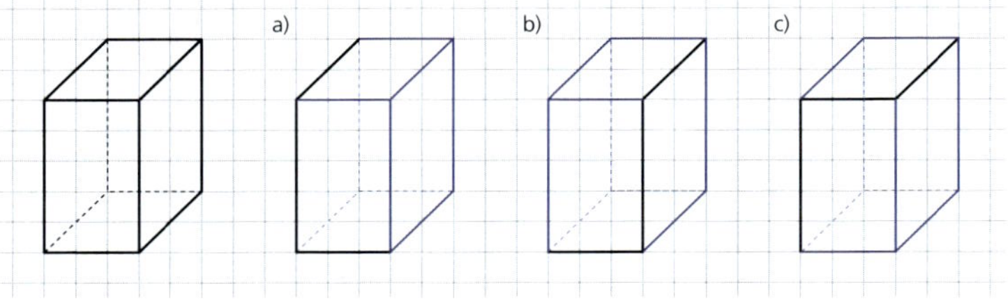

2 Vervollständige zu einem Quader.
a) b) c) d)
e) f) g)

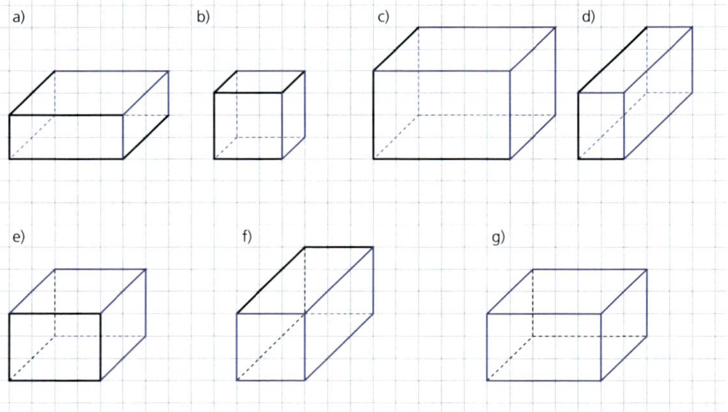

3 Vervollständige die Schrägbilder der Blockbuchstaben.

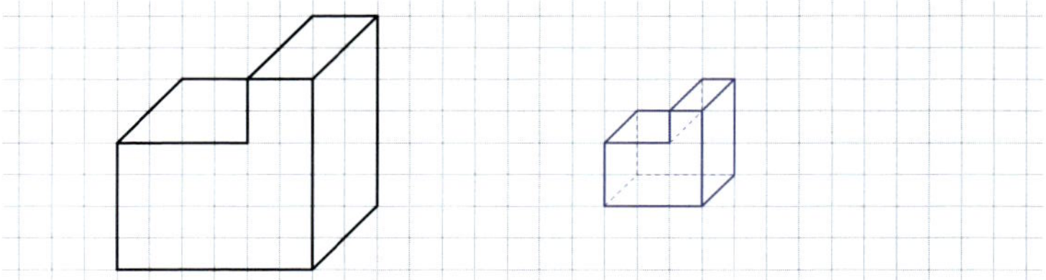

Netze 2

1 Würfel, Quader, Pyramide, Zylinder: Welche Körper gehören zu den Netzen?

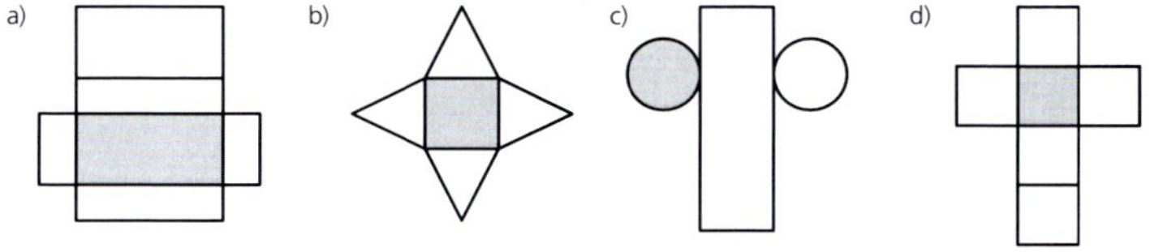

a) _____ Quader
b) _____ Pyramide
c) _____ Zylinder
d) _____ Würfel

2 Übertrage die grüne Linie des Würfels in das Würfelnetz.

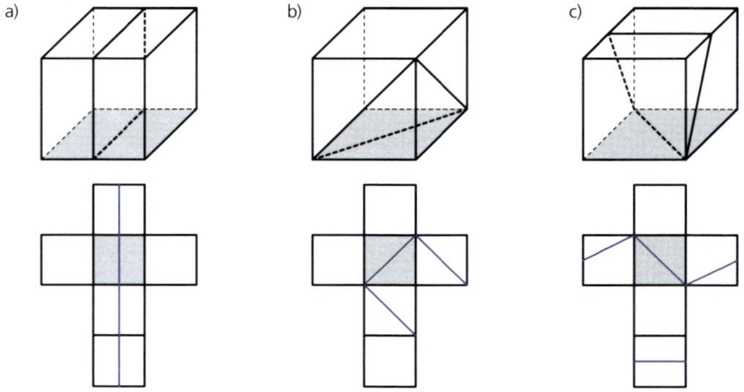

a)
b)
c)

3 Übertrage die grüne Linie des Würfelnetzes in den Würfel.

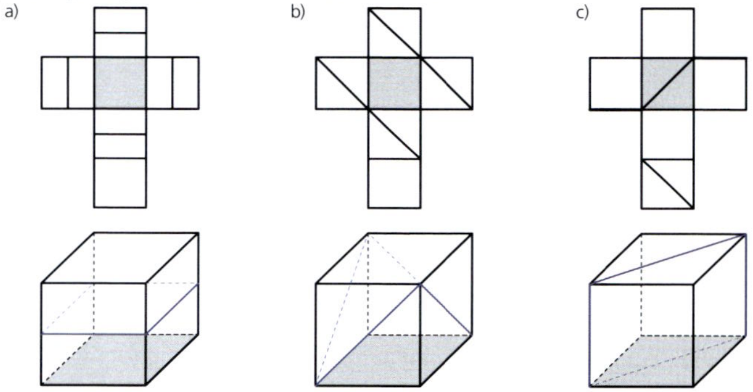

a)
b)
c)

Netze 1

1 Welche Netze ergeben einen Würfel? Die Buchstaben der Würfelnetze bilden das Lösungswort.

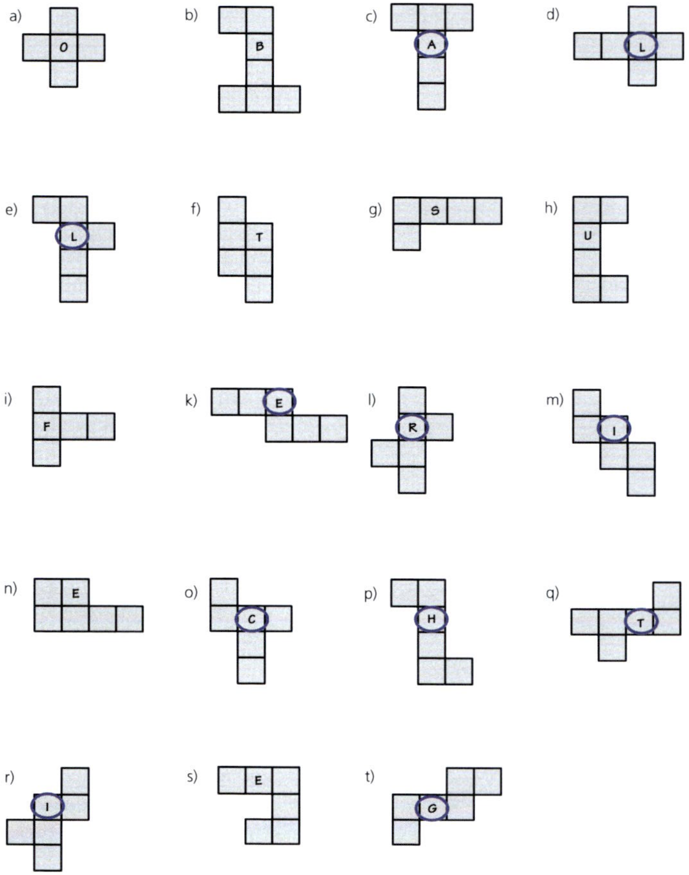

a) O
b) B
c) A
d) L
e) L
f) T
g) S
h) U
i) F
k) E
l) R
m) I
n) E
o) C
p) H
q) T
r) I
s) E
t) G

Lösungswort: ALLE RICHTIG

Parallel – senkrecht 1

1 Welche Geraden sind zueinander senkrecht, welche sind zueinander parallel?

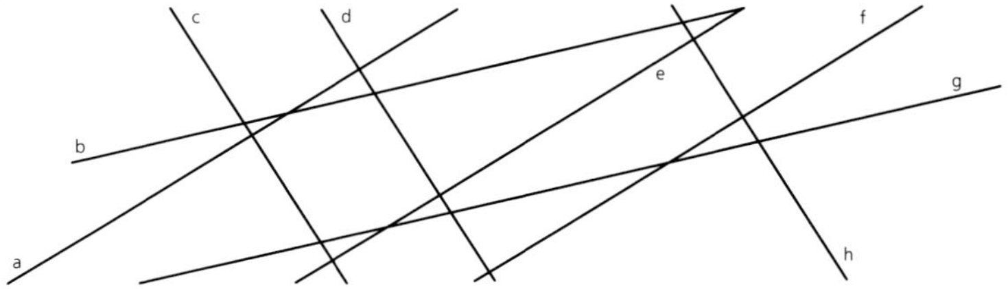

Parallel zueinander sind: $a \parallel e$; $a \parallel f$; $e \parallel f$
$b \parallel g$; $c \parallel d$; $c \parallel h$; $d \parallel h$

Senkrecht zueinander sind: $a \perp c$; $a \perp d$
$a \perp h$; $e \perp c$; $e \perp d$; $e \perp h$; $g \perp c$; $f \perp c$; $f \perp d$; $f \perp h$

2 Zeichne zu jeder Geraden eine Parallele, die durch A verläuft.

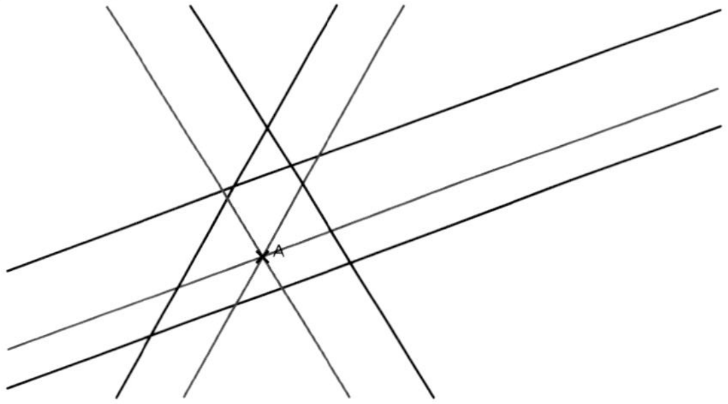

3 Zeichne zur Geraden g jeweils eine parallele und eine senkrechte Gerade durch die Punkte.

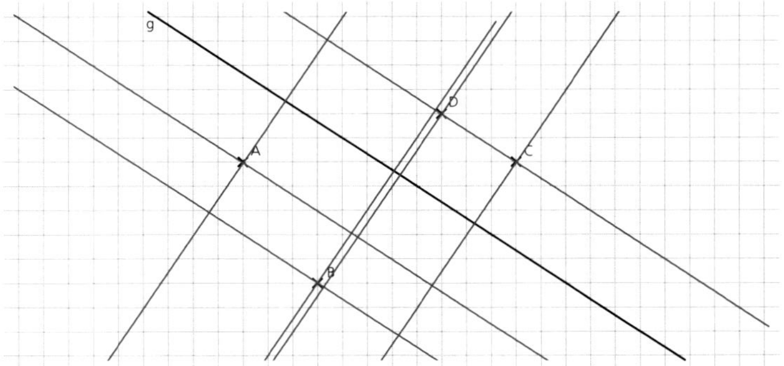

Raumanschauung

1 Wer gehört zu wem? Ordne jedem Schrägbild den passenden Auf- und Grundriss zu.

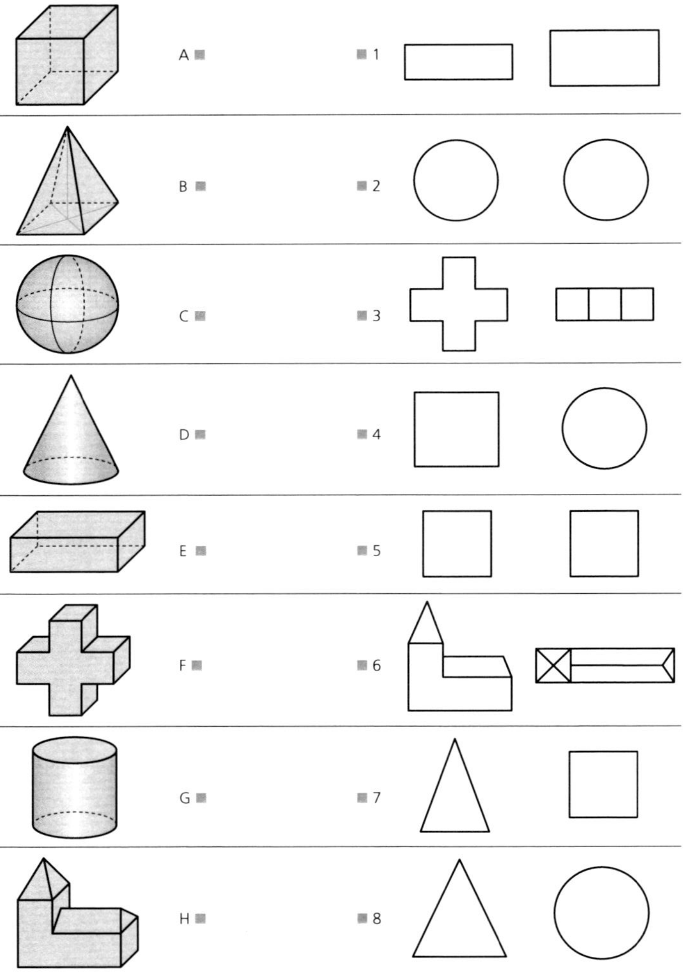

Schrägbild	A	B	C	D	E	F	G	H
Auf-/Grundriss	5	7	2	8	1	3	4	6

Parallel – senkrecht 2

1 Übertrage die Figur mit dem Geodreieck.

a)

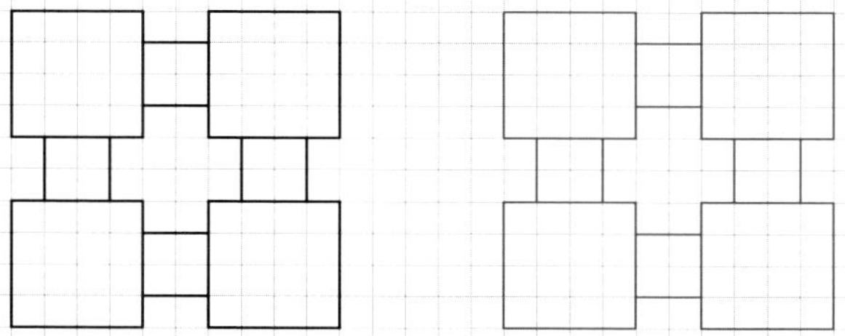

b)

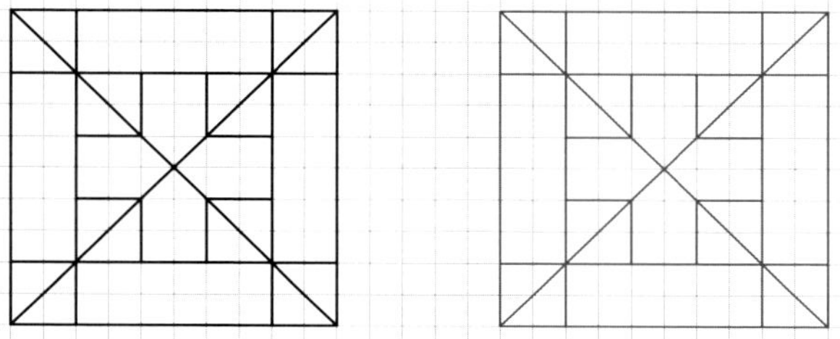

c)

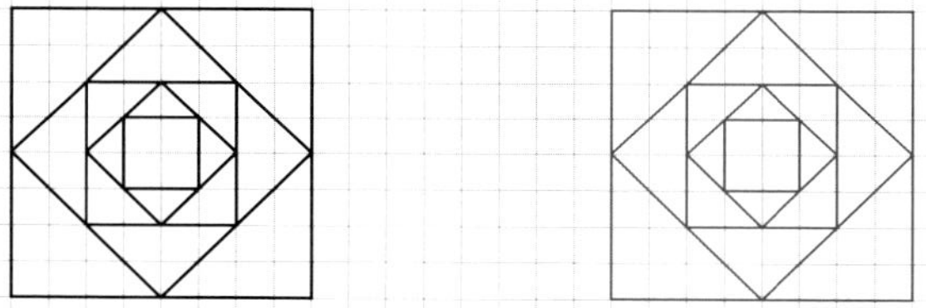

Parallel – senkrecht 3

1 Setze nach rechts und links fort.

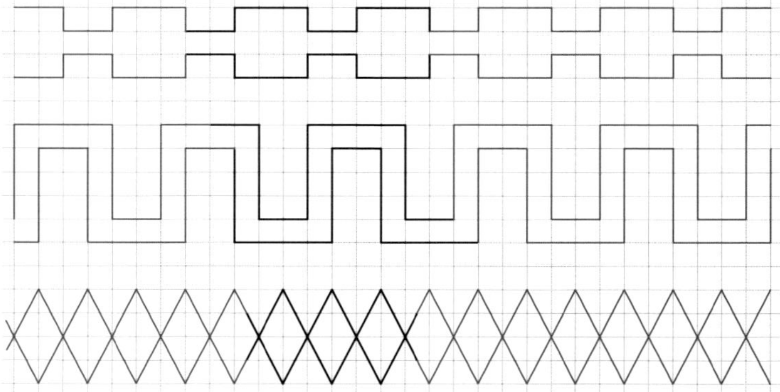

2 Setze fort.

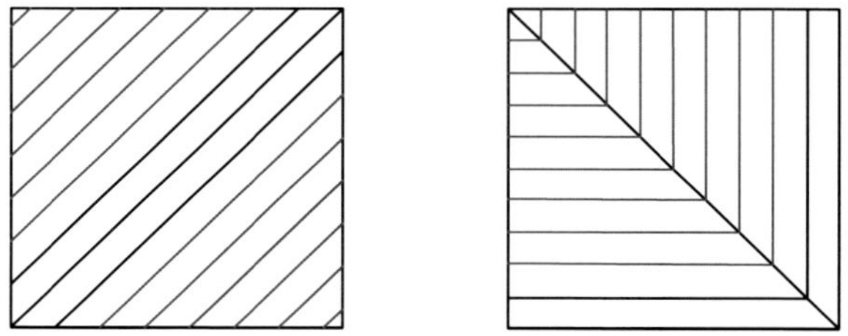

3 Setze nach rechts und links fort. Verlängere dazu die gestrichelten Hilfslinien.

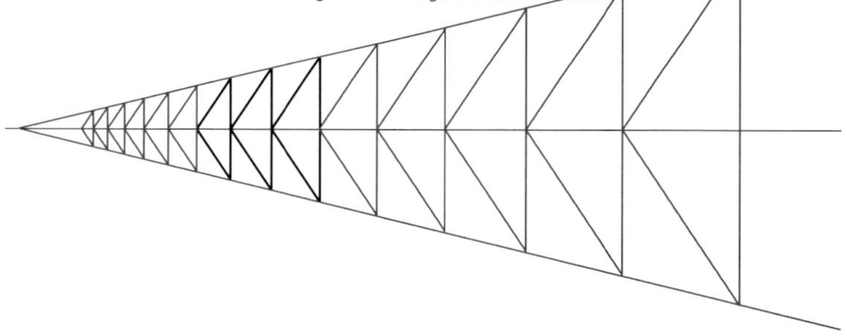

Parallel – senkrecht 4

1 Ergänze die Figur.

a)

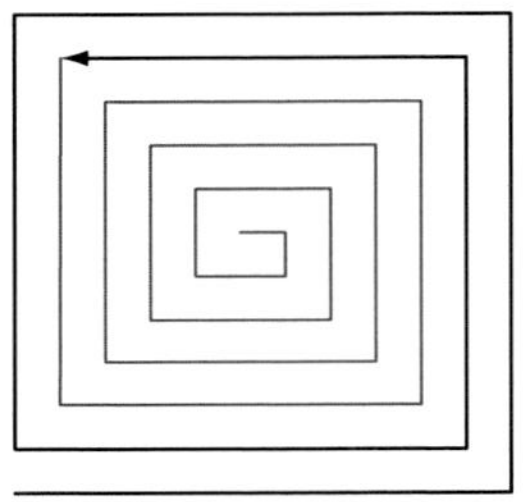

b)

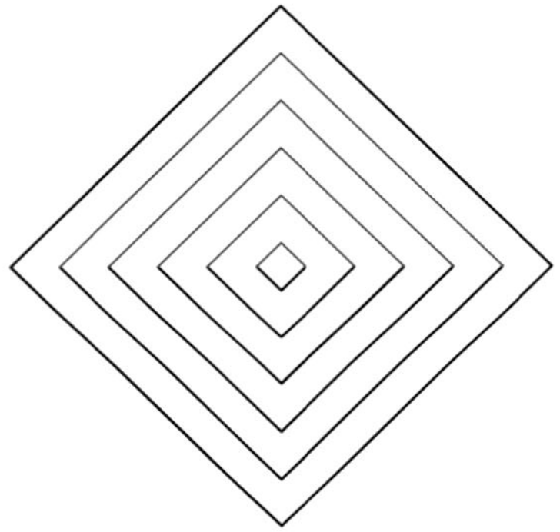

2 Ergänze die Figur, indem du jede neue Strecke um 5 mm verlängerst.

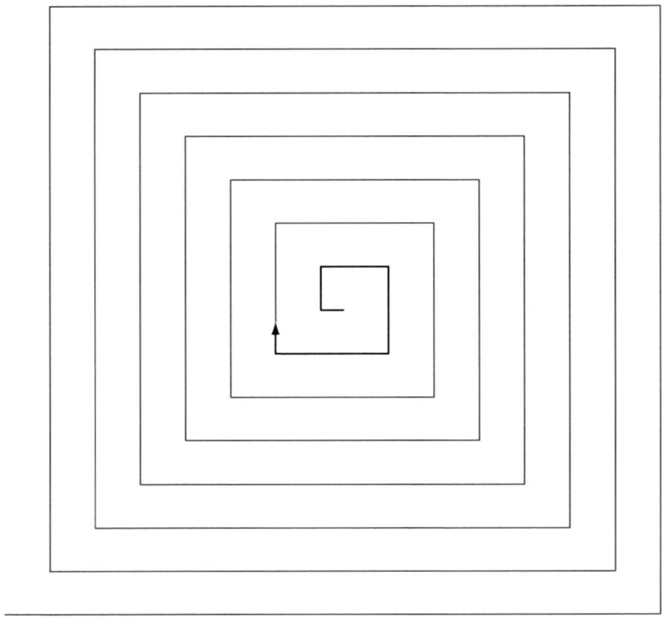

Figuren ergänzen

3 Ergänze gegebene Linien zu

a) einem Quadrat

b) einem Parallelogramm

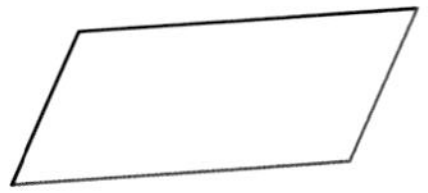

c) einem Rechteck

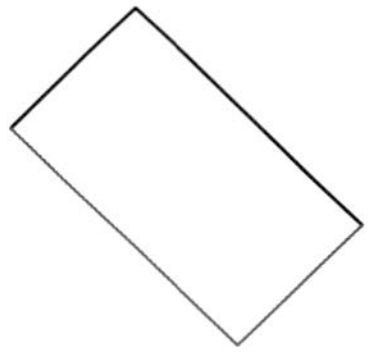

d) einer Raute

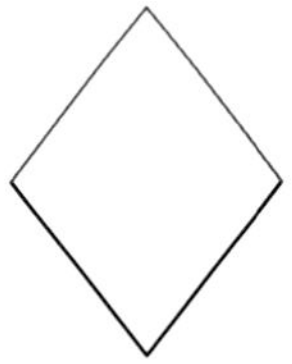

e) einem Trapez

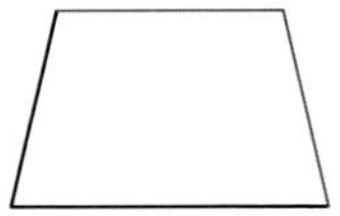

f) einem Quader

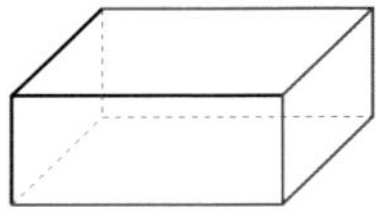

g) einer Pyramide

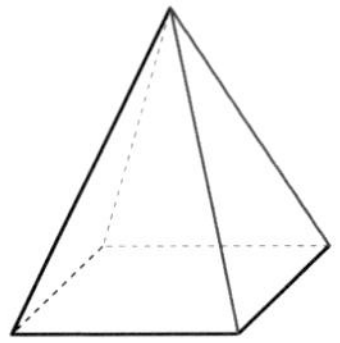

h) einem Würfel

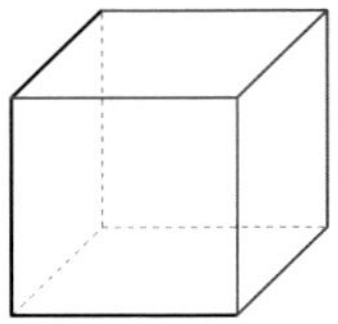

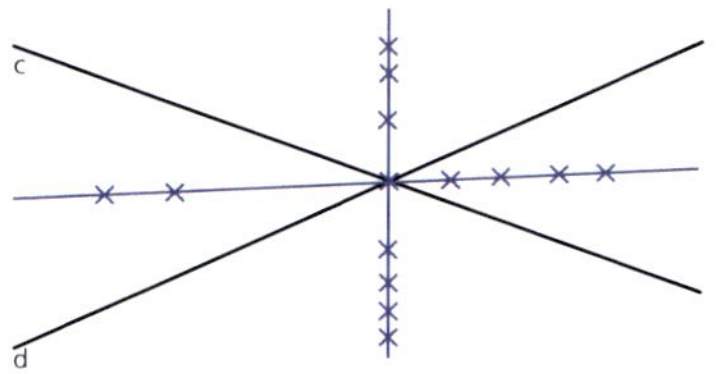

Abstand 2

1 Zeichne Punkte, die von der Geraden a den Abstand 15 mm und von der Geraden b den Abstand 8 mm haben.
Wie viele solcher Punkte gibt es?
_4_

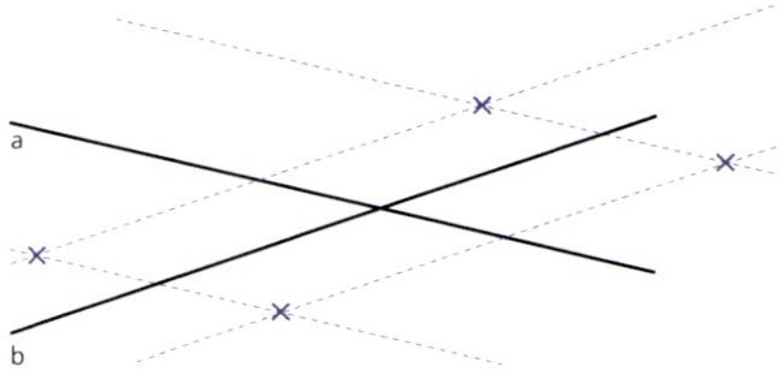

2 Zeichne Punkte, die auf einer Senkrechten zu g durch Q liegen. Ihr Abstand zu g soll doppelt so groß sein wie der Abstand von Q zu g.
Wie viele solcher Punkte gibt es?
_2_

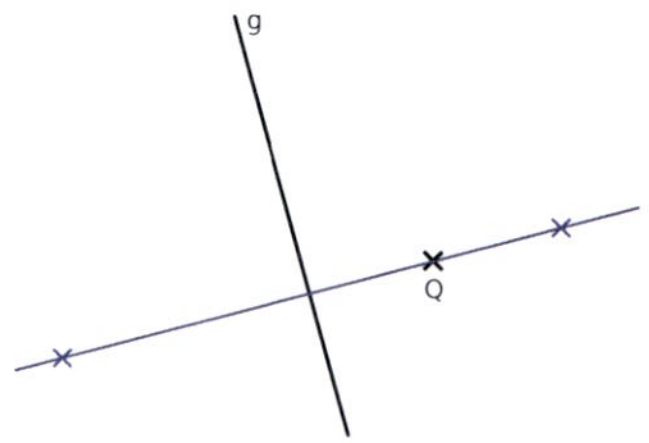

3 Zeichne ein Parallelogramm ABCD, dessen Seiten die Abstände 35 mm bzw. 45 mm haben.
Wie viele solcher Parallelogramme gibt es?
unendlich viele

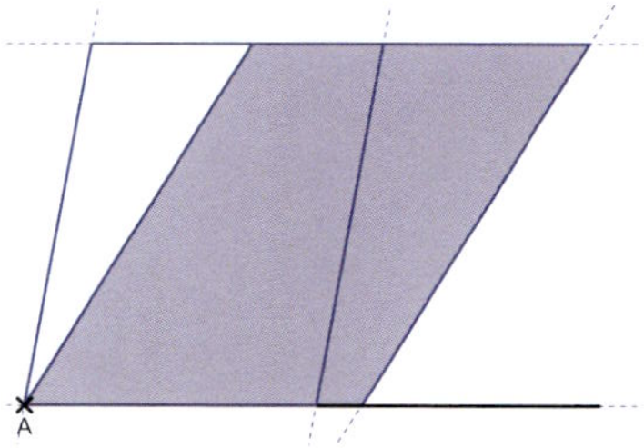

4 Michel findet in einer Bibliothek eine alte Karte. Auf ihrer Rückseite kann er folgenden Text entziffern:

„Der Schatz liegt unter der Nord-Süd-Linie. Um ihn zu finden, bestimme den Punkt P auf dieser Linie, der die kürzeste Entfernung zum Schädelkap hat. Der Abstand des Schatzes von der Grenze ist halb so groß wie der Abstand von P zur Grenze."

Kann er mit diesen Angaben die Lage des Schatzes bestimmen?
Kann er mit einer einzigen Grabung den Schatz finden?
Zwei Grabungen können nötig sein.

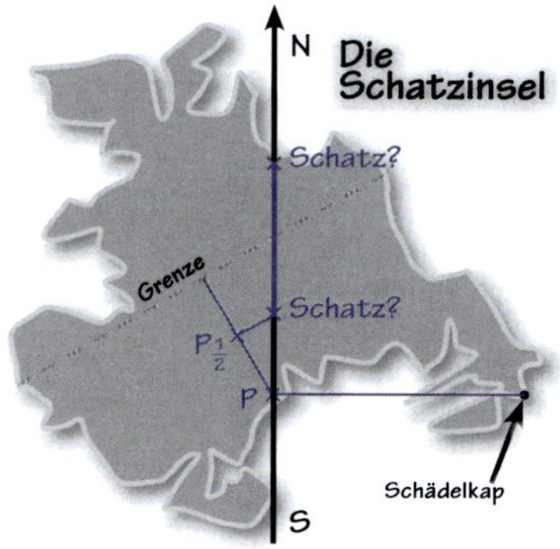

Abstand 1

1 Miss die Abstände der Punkte zu den Geraden und trage sie in die Tabelle ein.

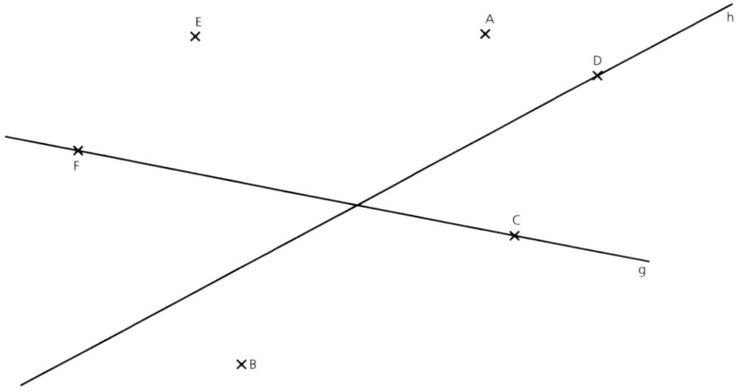

	A	B	C	D	E	F
Abstand zu g in mm	43	40	0	39	30	0
Abstand zu h in mm	20	19	23	0	50	40

2 a) Zeichne Punkte, die von der Geraden a denselben Abstand haben wie von der Geraden b.
b) Wie viele solcher Punkte gibt es?
unendlich viele

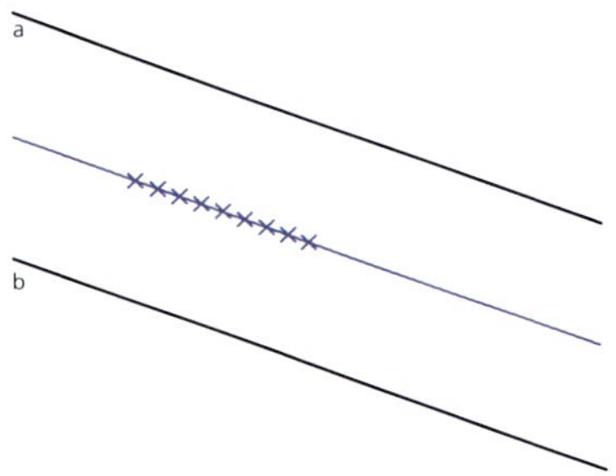

3 a) Zeichne Punkte, die von der Geraden c denselben Abstand haben wie von der Geraden d.
b) Wie viele solcher Punkte gibt es?
unendlich viele

Koordinatensystem 1

1 Der Roboter schneidet auf einer geraden Linie von einem Punkt zum nächsten. Bestimme die Koordinaten der Eckpunkte.

a) A(1|0); B(5|0); C(5|3); D(3|5); E(1|3)

b) A(0|0); B(1|6); C(2|3); D(5|5); E(8|0)

c) A(0|4); B(5|5); C(6|4); D(8|5); E(6|5)

d) A(3|0); B(6|4); C(4|6); D(1|3); E(2|2)

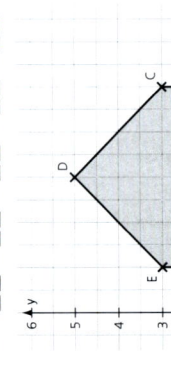
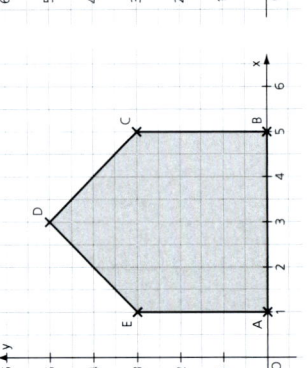
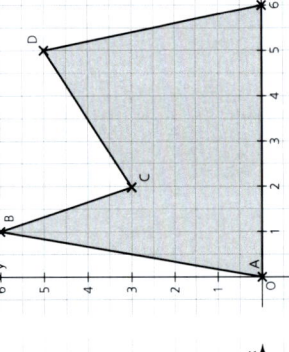

2 Trage die Punkte ein und verbinde in alphabetischer Reihenfolge.
A(4|1); B(5|2); C(5|4); D(4|3);
E(2|3); F(3|4); G(3|2); H(2|1)

a) Welcher unvollständige Körper entsteht?

Würfel

Ergänze fehlende Strecken.

b) Welche Strecken verlaufen parallel zur y-Achse?

AD; BC; GF; HE

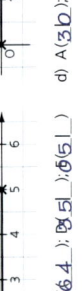

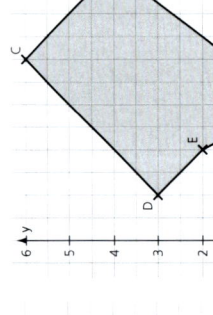
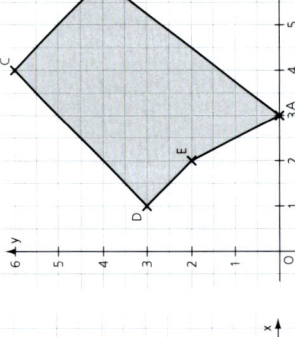
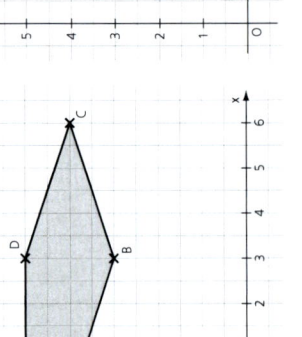

Koordinatensystem 2

1 Trage die Punkte ein und verbinde in alphabetischer Reihenfolge.
A(3|2); B(11|6); C(9|10); D(1|6)
Welche Figur entsteht?

Rechteck

Überprüfe mit dem Geodreieck.

2 Ergänze jeweils zu einem Quadrat und gib die Koordinaten an.

a) A(1|6); B(6|6);
C(6|11); D(1|11);

b) A(8|1); B(11|4);
C(8|7); D(5|4);

Zur Kontrolle: Die Summe der Koordinaten beträgt jeweils 48.

3 a) Trage Punkte ein, die den x-Wert 8 haben. Wo liegen diese Punkte?
auf Parallele zur y-Achse durch (8|0)

b) Trage Punkte ein, die den y-Wert 11 haben. Wo liegen diese Punkte?
auf Parallele zur x-Achse durch (8|11)

c) Trage Punkte ein, bei denen der x-Wert mit dem y-Wert übereinstimmt. Wo liegen diese Punkte?
auf Diagonalen des Koordinatensystems

d) Färbe alle Punkte rot, die einen x-Wert haben, der größer ist als der y-Wert.

e) Färbe die Punkte blau, die einen x-Wert haben, der kleiner ist als der y-Wert.

f) Welche Punkte werden nicht gefärbt? **Punkte auf der Diagonalen, da x-Wert und y-Wert übereinstimmen**

• blau • rot

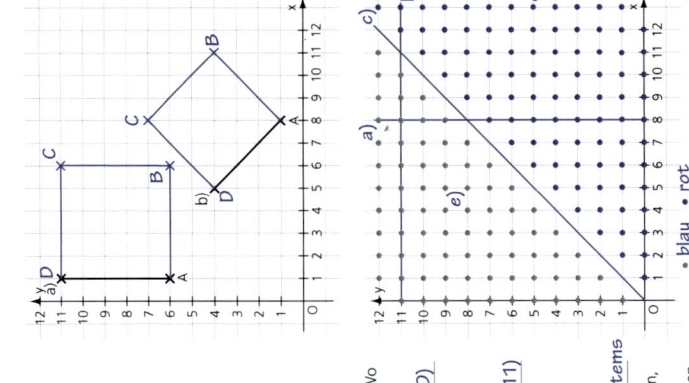
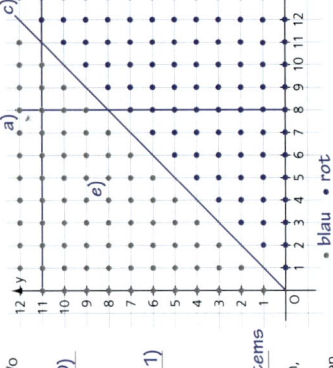
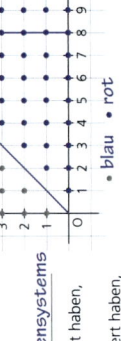

Flächeninhalt 1

1 Färbe die Figuren mit gleichem Flächeninhalt in derselben Farbe und gib jeweils einer der Figuren ihren Flächeninhalt in cm² und mm² an.

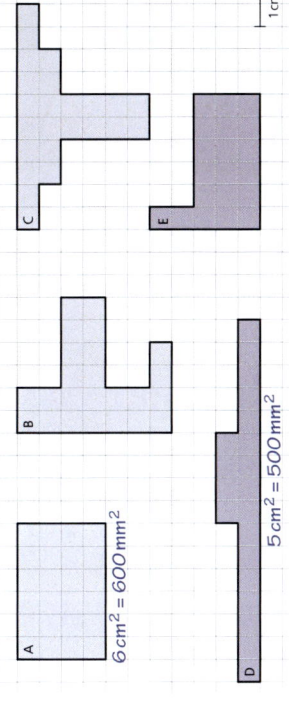

$6\,cm^2 = 600\,mm^2$

$5\,cm^2 = 500\,mm^2$

2 Zeichne neben die Figur ein Rechteck mit gleich großem Flächeninhalt.

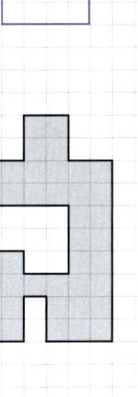

3 Gib in der nächstkleineren und in der nächstgrößeren Einheit an.

90000 mm²	900 cm²	9 dm²	0,35 km²
48 000 cm²	480 dm²	4,8 m²	7,6 m²
630 000 cm²	6300 a	63 ha	4,5 a
5600 dm²	56 m²	0,56 a	5,69 cm²
700 a	7 ha	0,07 km²	30,56 dm²

4 Vervollständige die Tabelle.

	3500 a	35 ha	
	76 000 cm²	760 dm²	
	45000 dm²	450 m²	
	56 900 mm²	569 cm²	
	305 600 mm²	3056 cm²	

5 Steht das Gleichheitszeichen zu Recht? Falls ja, wähle den grünen Buchstaben, falls nein, den schwarzen.

a) 5 dm² 12 cm² = 51,2 cm²   S (H)   b) 3,12 ha = 312 a   (A) I
c) 4,078 m² = 4 m² 78 dm²   T (N)   d) 35 000 000 mm² = 35 a   Z (D)
e) 2850 dm² = 28,5 m²   (B) D   f) 10 cm² 700 mm² = 17 cm²   (A) U
g) 12000 m² = 1 ha 2 a   R (L)   h) 5 a 2700 m² = 320000 dm²   (L) T

Lösungswort: __HANDBALL__

Vierecke

1 Welche Vierecke lassen sich aus den vier Stäben zusammensetzen?

a) __Quadrat__ b) __Rechteck__
   __Raute__   __Parallelogramm__
                 __Drachen__

2 Welche Eigenschaften haben die Vierecke?

	Quadrat	Rechteck	Raute	Parallelogramm
Vier Seiten sind gleich lang.	X		X	
Benachbarte Seiten sind zueinander senkrecht.	X	X		
Gegenüberliegende Seiten sind zueinander parallel.	X	X	X	X

3 Hier soll zu einem Rechteck ergänzt werden.

a) A(0|0); B(5|0); C(5|2); D(__0__|__2__)
b) E(4|8); F(1|5); G(3|3); H(__6__|__6__)
c) P(9|4); R(12|7); S(7|12); T(__4__|__9__)

4 a) Zeichne ein Rechteck mit den Seitenlängen 4 cm und 1,5 cm.

b) Zeichne ein Quadrat mit der Seitenlänge 1,5 cm.

c) Zeichne einen Drachen, dessen Diagonalen 4 cm und 2 cm lang sind.

d) Zeichne ein gleichschenkliges Trapez, dessen parallele Seiten 3 cm und 5 cm lang sind.

Flächeninhalt 2

1 Berechne.

Beispiel: 25 dm² + 500 cm² = 25 dm² + 5 dm² = 30 dm²

a) 18 m² + 1700 dm² = _35 000 dm²_
b) 850 cm² − 750 mm² = _84 250 mm²_
c) 96 m² · 5 = _480 m²_
d) 60 a + 3 ha = _360 a_
e) 95 cm² : 5 cm² = _19_
f) 325 cm² + 58 dm² = _6125 cm²_
g) 60 m² · 5 m = _12 m_
h) 521 m² − 521 dm² = _51 579 dm²_
i) 17 · 8 a = _136 a_
k) 22 a − 5600 dm² = _214 400 dm²_

2 Ergänze.

a) 98 m² − 700 dm² = _91_ _____ m²
b) 25 a + 13,75 ha = _1400_ _____ a
c) 20 000 cm² − _100_ dm² = 1 m²
d) _1152_ mm² + 48 mm² = 12 cm²
e) 19,1 dm² − 210 cm² = _17_ dm²
f) 58 000 mm² + _620_ cm² = 12 dm²
g) 10 ha − 54 000 _____ m² = 460 a
h) _46_ m² + 3400 dm² = 0,8 a

Die Summe der gesuchten Maßzahlen ergibt 57 426.

3 Von den Rechtecken sind nicht alle Größen bekannt. Berechne die fehlenden Größen.

	Länge	Breite	Flächeninhalt	Umfang
a)	5 cm	3 cm	15 cm²	16 cm
b)	4 m	8 m	32 m²	24 m
c)	7 mm	12 mm	84 mm²	38 mm
d)	1,5 dm	15 cm	225 cm²	60 cm
e)	8,5 dm	6,5 dm	5525 cm²	3 m
f)	0,15 m	200 mm	300 cm2	70 cm

4 Familie Wurzel will für ihr neues Haus ein 45 m langes und 25 m breites Grundstück kaufen.
a) Wie viel müssten sie bezahlen, wenn ein Quadratmeter 180 € kosten soll?

_202 500 €_

b) Wie teuer dürfte ein Quadratmeter höchstens sein, damit ihre Ersparnisse in Höhe von 180 000 € für das Grundstück reichen?

_160 €_

Rauminhalt 1

1 a) Die Körper sind aus Würfeln mit der Kantenlänge 1 cm gebaut. Bestimme den Rauminhalt in cm³ und mm³.

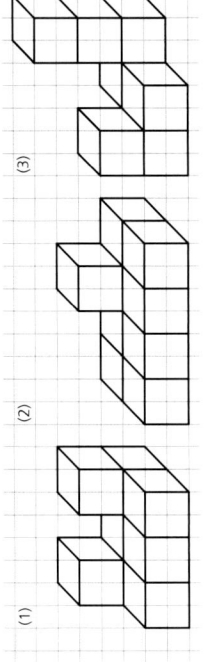

(1)   (2)   (3)

V = _8 cm³_ = _8000 mm³_   V = _9 cm³_ = _9000 mm³_   V = _7 cm³_ = _7000 mm³_

b) Wie viele 1-cm-Würfel fehlen mindestens, um die Körper zu einem Quader zu ergänzen?

_4_ Würfel   _7_ Würfel   _11_ Würfel

2 Bestimme das Volumen der Quader.

	Länge	Breite	Höhe	Volumen
a)	10 cm	5 cm	3 cm	150 cm³
b)	8 m	11 m	2 m	176 m³
c)	3 m	20 dm	180 cm	10,8 m³
d)	7,5 dm	40 cm	19 dm	570 dm³

3 Ergänze.

	Länge	Breite	Höhe	Volumen
a)	3 cm	9 cm	5 cm	135 cm³
b)	6 dm	7 dm	8 dm	336 dm³
c)	_30 mm_	50 mm	12 mm	18 cm³
d)	0,5 m	48 dm	10 dm	2400 ℓ

4 Verwandle in die angegebene Einheit.

a) 12 m³ = _12 000_ dm³
b) 1,5 ℓ = _1500_ ml
c) 3400 mm³ = _3,4_ cm³
d) 5,9 m³ = _5 900 000_ cm³
e) 8,04 cm³ = _8040_ mm³
f) 46 700 ml = _46,7_ ℓ
g) 800 cm³ = _0,8_ m³
h) 0,65 ℓ = _650_ ml
i) 0,5 m³ = _500 000_ cm³
k) 26 000 000 mm³ = _26_ dm³
l) 57 860 000 cm³ = _57,86_ m³
m) 3,2 ℓ = _3 200 000_ mm³

5 Schreibe wie im Beispiel in mehreren Einheiten und mit Komma.

Beispiel: 5620 dm³ = 5 m³ 620 dm³ = 5,62 m³

a) 8300 m³ = _8 cm³ 300 m³_ = _8,3 cm³_
b) 7210 dm³ = _7 dm³ 210 dm³_ = _7,21 dm³_
c) 25 300 dm³ = _25 m³ 300 dm³_ = _25,3 m³_
d) 90 050 cm³ = _90 dm³ 50 cm³_ = _90,05 dm³_
e) 64 302 dm³ = _64 m³ 302 dm³_ = _64,302 m³_

Rauminhalt 2

1 Finde zuerst heraus, welche Aufgabe richtig und welche Aufgabe falsch gelöst wurde, markiere mit r oder f. Korrigiere die falsch gelösten Aufgaben.
In dem Kasten stehen die zugehörigen richtigen Lösungen. Die Buchstaben ergeben in der Reihenfolge der Aufgaben das Lösungswort.

1) 15 ℓ + 300 mℓ = 18 ℓ **f**
2) 23 m³ − 500 dm³ = 22,5 m³ **r**
3) 8 ℓ · 5 = 1600 mℓ **r**
4) 75 000 000 mm³ + 25 dm³ = 0,1 m³ **r**
5) 37 dm³ · 4 = 144 dm³ **f**
6) 3500 cm³ − 2 dm³ = 3300 cm³ **f**
7) 12 000 000 cm³ − 9,5 m³ = 3500 dm³ **r**
8) 144 ℓ : 12 = 12 dm³ **f**
9) 35,8 dm³ + 2400 cm³ = 59,8 dm³ **f**
10) 200 cm³ + 500 mℓ = 0,7 ℓ **f**
11) 25 m³ − 65 000 dm³ = 24 935 dm³ **r**
12) 8500 dm³ · 2 = 42,5 m³ **r**
13) 0,125 ℓ · 15 = 1875 cm³ **r**
14) 9875 dm³ + 25 000 cm³ = 9900 dm³ **r**

4,25 m³	1500 cm³	15 300 mℓ	2500 dm³	38,2 ℓ	148 dm³
L	U	T	F	E	E

Lösungswort: **TEUFEL**

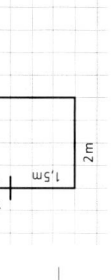

2 Ordne der Größe nach. Beginne mit dem größten Volumen.

45 000 dm³; 45 500 000 mℓ; 405 000 cm³; 5,4 m³; 55 045 000 cm³; 40 500 ℓ

55 045 000 cm³ > 45 500 000 mℓ > 45 000 dm³ > 40 500 ℓ > 5,4 m³ > 405 000 cm³

3 Runde auf die angegebene Einheit.

a) 16,568 m³ ≈ 17 m³
b) 3,5 ℓ ≈ 4 ℓ
c) 24,68 dm³ ≈ 25 cm³
d) 79,079 dm³ ≈ 79 dm³
e) 25,499 mm³ ≈ 25 mm³
f) 0,503 cm³ ≈ 1 cm³
g) 2765,4 cm³ ≈ 3 dm³
h) 34 933 dm³ ≈ 35 m³
i) 23 556 789 mm³ ≈ 24 dm³
k) 657 305 mm³ ≈ 1 dm³

4 a) Ein Schwimmbecken ist 15 m lang, 3 m breit und 2,20 m tief. Wie viel Wasser passt hinein?

99 000 ℓ

b) Eine Schachtel hat eine Grundfläche von 25 cm² und ist 8 cm hoch. Wie groß ist ihr Volumen?

200 cm³

c) Jana hat zwei Schachteln. Um wie viel cm³ unterscheiden sich die Rauminhalte?

um 0,5 cm³

Vermischtes 1

1 Der nebenstehende Körper ist aus Quadern zusammengebaut.

a) Eine Spinne krabbelt einmal an dem vorne sichtbaren L entlang. Welchen Weg legt sie zurück?

18 dm

b) Tobias färbt den Boden rot, alle anderen Flächen grün. Wie groß sind die rote bzw. die grüne Fläche?

rot: 24 dm²; grün: dm²

c) Berechne das Volumen des Körpers.

60 dm³

2 Das Flachdach der Familie Gruber hat eine Fläche von 160 m². Nach heftigem Schneefall liegt eine 40 cm hohe Schicht Pulverschnee auf dem Dach.

a) Wie schwer ist die Schneedecke, wenn 1 dm³ Schnee 55 g wiegt?

3520 kg

b) Beim Schmelzen erhält man aus 16 dm³ Schnee einen Liter Wasser. Wie viel Liter Wasser könnte Familie Gruber aus ihrem „Schneedach" erhalten?

4000 ℓ

3 Annas 3 m hohes Zimmer wird renoviert.

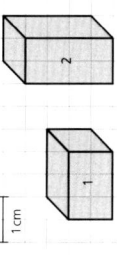

a) Wände und Decke werden mit Raufaser tapeziert. Wie viel Tapete benötigt Anna, wenn sie für Fenster und Tür 3,50 m² veranschlagt?

53,5 m²

b) Den neuen Teppichboden will sie sich von Oma wünschen. 1 m² kostet 12 €. Wie viel muss Oma bezahlen?

216 €

c) Entlang der Decke klebt Anna eine bunte Borte an. Wie viel Meter benötigt sie davon?

19 m

d) Annas Freundin Tina erzählt ihr, dass sie in ihrem Zimmer 40 m³ Luft zum Atmen hat. Vergleiche diesen Wert mit dem aus Annas Zimmer.

Anna hat 54 m³, also 14 m³ mehr.

e) Tina behauptet: „Die Luft in meinem Zimmer ist schwerer als ich." Hat Tina Recht? Tina wiegt 48 kg und 1 Liter Luft wiegt ungefähr 1 g 300 mg.

Ja, die Luft wiegt 69,55 kg.

Vermischtes 2

1 Stefan und Kira unterhalten sich über ihre Badezimmer.
Stefan: „Wir haben den Boden mit quadratischen Fliesen ausgelegt, die eine Kantenlänge von 50 cm haben. Ich habe acht Fliesen nebeneinander in der Länge und sieben in der Breite gezählt."
„Ach", meint Kira, „wir haben rechteckige Fliesen (60 cm lang, 30 cm breit), davon liegen 78 Stück auf dem Boden."
Welches Badezimmer ist größer?

Stefan: $50 \cdot 50 \cdot 7 \cdot 8 = 140\,000\,cm^2 = 14\,m^2$
Kira: $60 \cdot 30 \cdot 78 = 140\,400\,cm^2 = 14{,}04\,m^2$
Kiras Bad ist größer.

2 Herr Gruber möchte sein selbst gebautes Holzregal streichen. Es besteht aus drei Seitenteilen mit 40 cm Breite und 1,80 m Höhe und 10 Regalbrettern mit einem Flächeninhalt von je 32 dm².
a) Welche Fläche muss Herr Gruber streichen, wenn er sowohl die Seitenteile als auch die Bretter von beiden Seiten streichen will?

_10,72 m²_

b) Im Baumarkt findet er verschiedene Größen Farbdosen.
Wie viel muss er mindestens ausgeben, um das Regal streichen zu können?

_36 €_

3 Ein Wasserschloss mit einer rechteckigen Grundfläche (40 m breit, 55 m lang) ist von einem 8 m breiten Wassergraben umgeben.
a) Wie viel Wasser befindet sich in dem Graben, wenn es drei Meter hoch steht?

_5328 m³_   (bzw. _5163 m³ bei abgerundeten Ecken_)

b) Nach starken Regenfällen steigt der Wasserspiegel um 20 cm.
Wie viel Wasser ist jetzt in dem Graben?

_5683 m³_   (bzw. _5507 m³ bei abgerundeten Ecken_)

4 Mats hat aus Würfeln mit einer Kantenlänge von 2 cm nebenstehendes Gebäude gebaut.
a) Zeichne einen Quader, der ein gleich großes Volumen hat.

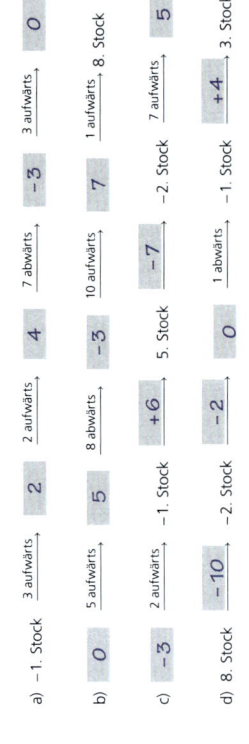

b) Um wie viel unterscheiden sich die Oberflächen?
Die Oberfläche ist gleich groß oder 4 cm² kleiner.

Negative Zahlen 1

1 Fülle die Lücken aus und beschrifte die Pfeile.

a) Um 17.00 Uhr betrug die Temperatur $+3°C$ um 20.00 Uhr betrug die Temperatur $-5°C$. Sie ist um _8°C_ gefallen.
Pfeil: $-8°C$

b) Um 5.00 Uhr betrug die Temperatur $-6°C$ um 8.00 Uhr betrug die Temperatur $+6°C$. Sie ist um _12°C_ _gestiegen._
Pfeil: $+12°C$

c) Um 6.00 Uhr betrug die Temperatur $-2°C$ um 10.00 Uhr betrug die Temperatur $7°C$. Sie ist um _9°C_ _gestiegen._
Pfeil: $+9°C$

d) Nachmittags betrug die Temperatur $8°C$, sie ist um _15°C_ _gefallen._ Die Abendtemperatur betrug $-7°C$.
Pfeil: $-15°C$

2 Fülle die Lücken aus.

a) $4°C \xrightarrow{-7°C} -3°C$ b) $12€ \xrightarrow{-17€} -5€$ c) $-13°C \xrightarrow{+5°C} -8°C$

d) $-13€ \xrightarrow{+25€} 12€$ e) $-1°C \xrightarrow{-7°C} -8°C$ f) $-81€ \xrightarrow{+63€} -18€$

g) $2€ \xrightarrow{-42€} -40€$ h) $-4€ \xrightarrow{+26€} 22€$ i) $16°C \xrightarrow{-16°C} 0°C$

3 Melanie fährt Fahrstuhl. Das Haus hat 9 Stockwerke (0: Erdgeschoss; 1 bis 8 Obergeschosse) und 3 Kellergeschosse (–1 bis –3). Vervollständige die Angaben über Melanies Fahrt.

a) $-1.\text{Stock} \xrightarrow{3 \text{ aufwärts}} 2 \xrightarrow{2 \text{ aufwärts}} 4 \xrightarrow{7 \text{ aufwärts}} -3 \xrightarrow{3 \text{ aufwärts}} 0$

b) $0 \xrightarrow{5 \text{ aufwärts}} 5 \xrightarrow{8 \text{ abwärts}} -3 \xrightarrow{10 \text{ aufwärts}} 7 \xrightarrow{1 \text{ aufwärts}} 8. \text{ Stock}$

c) $-3 \xrightarrow{2 \text{ aufwärts}} -1. \text{ Stock} \xrightarrow{+6} 5. \text{ Stock} \xrightarrow{-7} -2. \text{ Stock} \xrightarrow{7 \text{ aufwärts}} 5$

d) $8. \text{ Stock} \xrightarrow{-10} -2. \text{ Stock} \xrightarrow{-2} 0 \xrightarrow{1 \text{ abwärts}} -1. \text{ Stock} \xrightarrow{+4} 3. \text{ Stock}$

Negative Zahlen 2

1 Auf Pauls Konto ist viel los. Die Schulden werden mit negativen Zahlen vermerkt (Soll), das Guthaben mit positiven Zahlen (Haben).

a) Pauls alter Kontostand beträgt 17 €. Er hebt 20 € ab.

Sparkasse Oberbrömmel
Alter Kontostand: 17 €
Buchung: −20 €
Neuer Kontostand: −3 €

b) Nach Einzahlung von 47 € hat Paul ein Guthaben von 12 €.

Sparkasse Oberbrömmel
Alter Kontostand: −35 €
Buchung: +47 €
Neuer Kontostand: 12 €

c) Pauls alter Kontostand beträgt −34 €, sein neuer Kontostand 28 €.

Sparkasse Oberbrömmel
Alter Kontostand: −34 €
Buchung: +62 €
Neuer Kontostand: 28 €

d) Paul hat bereits 123 € Schulden, er hebt trotzdem 58 € ab.

Sparkasse Oberbrömmel
Alter Kontostand: −123 €
Buchung: −58 €
Neuer Kontostand: −181 €

e) Nach dem Abheben von 66 € hat Paul 76 € Schulden.

Sparkasse Oberbrömmel
Alter Kontostand: −10 €
Buchung: −66 €
Neuer Kontostand: −76 €

f) Pauls alter Kontostand beträgt −56 €, sein neuer Kontostand −16 €.

Sparkasse Oberbrömmel
Alter Kontostand: −56 €
Buchung: +40 €
Neuer Kontostand: −16 €

2 Melanie ist mit ihren Belegen nachlässig umgegangen, ihr fehlen einige Angaben. Hilf Melanie, ihre Buchführung in Ordnung zu bringen.

a) alter Kontostand 867 € → Buchung −645 € → 222 € → Buchung −367 € → −145 € → Buchung −339 € → neuer Kontostand −484 €

b) alter Kontostand +1 € → Buchung −99 € → −98 € → Buchung +34 € → −64 € → Buchung +714 € → neuer Kontostand +650 €

c) alter Kontostand −76 € → Buchung +52 € → −24 € → Buchung +43 € → +19 € → Buchung −98 € → neuer Kontostand −79 €

Negative Zahlen 3

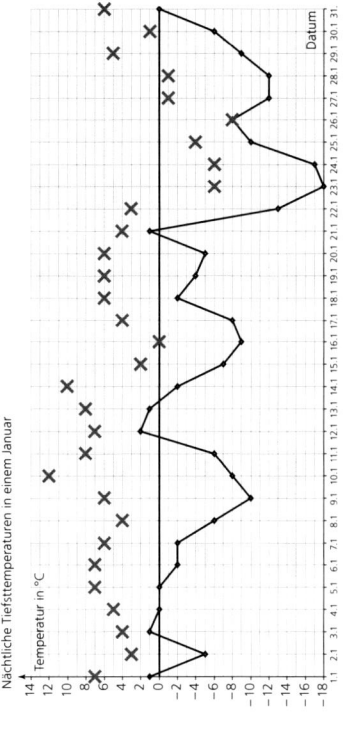

Nächtliche Tiefsttemperaturen in einem Januar

1 a) Fülle die Lücken aus und beantworte die Fragen.

Die höchste nächtliche Tiefsttemperatur wurde am **12.1.** mit **2 °C** erreicht.

Die niedrigste nächtliche Tiefsttemperatur wurde am **23.1.** mit **−18 °C** erreicht.

Der größte Temperaturunterschied betrug deshalb **20 °C**.

Die Temperatur stieg am stärksten vom **11.1.** auf den **12.1.** . Der Temperaturanstieg betrug **8 °C** .

Die Temperatur fiel am stärksten vom **21.1.** auf den **22.1.** . Der Temperaturabfall betrug **−14 °C** .

Wann fiel die Temperatur von über 0 °C auf unter 0 °C? 1.1.; 13.1.; 21.1. auf die jeweils nächste Nacht

Wann stieg die Temperatur von unter 0 °C auf über 0 °C? 2.1.; 11.1.; 20.1. auf die jeweils nächste Nacht

b) Im Folgejahr im Januar wurden wieder Messungen durchgeführt.

Datum	1.1.	2.1.	3.1.	4.1.	5.1.	6.1.	7.1.	8.1.	9.1.	10.1.	11.1.	12.1.	13.1.	14.1.	15.1.	16.1.
Temperatur in °C	7	3	4	5	7	7	6	4	6	12	7	6	7	9	2	0

Datum	17.1.	18.1.	19.1.	20.1.	21.1.	22.1.	23.1.	24.1.	25.1.	26.1.	27.1.	28.1.	29.1.	30.1.	31.1.
Temperatur in °C	4	6	6	6	4	3	−6	−3	−8	−1	5	1	6

Trage die Messwerte mit einer anderen Farbe oben in die Grafik ein.

c) Vergleiche die Messwerte der beiden Jahre miteinander.

Gib die entsprechenden Daten bzw. Werte an.

Größter Temperaturunterschied zwischen den beiden Jahren: **20 °C** am **10.1.**

Kleinster Temperaturunterschied zwischen den beiden Jahren: **0 °C** am **26.1.**

Temperaturen in beiden Jahren im negativen Bereich: **23.1.** bis **28.1.**

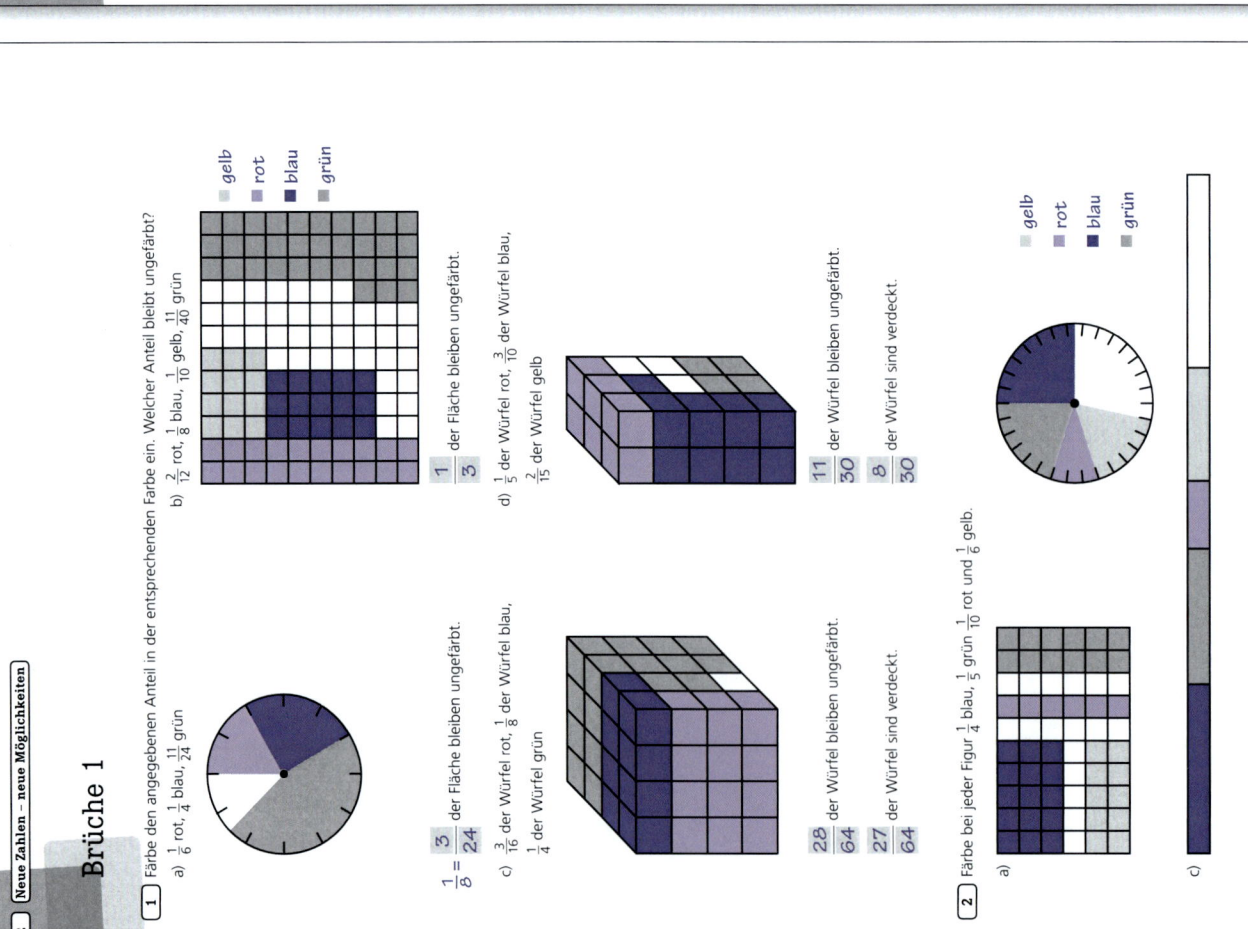